Littérature d'Amérique

La Fabrication de l'aube

Du même auteur

Comme enfant je suis cuit, roman, Québec Amérique, coll. Littérature d'Amérique, Montréal, 1998.

Garage Molinari, roman, Québec Amérique, coll. Littérature d'Amérique, Montréal, 1999.

Le Chien qui voulait apprendre le twist et la rumba, texte paru dans *Récits de la fête,* collectif d'auteurs, Québec Amérique, coll. Mains libres, Montréal, 2000.

Mon père est une chaise, roman jeunesse, Québec Amérique, coll. Titan+, Montréal, 2001.

Les Choses terrestres, roman, Québec Amérique, coll. Littérature d'Amérique, Montréal, 2001.

Le Petit Pont de la Louve, roman, Québec Amérique, coll. Littérature d'Amérique, Montréal, 2002.

Ici Radio-Canada : 50 ans de télévision française, en collaboration avec Gil Cimon, Les Éditions de L'Homme, Montréal, 2002.

Petits mais futés, guide de sécurité pour les enfants, en collaboration avec Marcelle Lamarche, Les Éditions de L'Homme, Montréal, 2003.

Turkana Boy, roman, Québec Amérique, coll. Littérature d'Amérique, Montréal, 2004.

Le Jour des corneilles, roman, Les Allusifs, Montréal, 2004.

Jean-François Beauchemin
La Fabrication de l'aube
récit

Ottawa, les 1er + 2 août 2006
Visite à Joane
merci !

QUÉBEC AMÉRIQUE

Catalogage avant publication de Bibliothèque et Archives Canada

Beauchemin, Jean-François
La Fabrication de l'aube
(Littérature d'Amérique)
ISBN 2-7644-0456-5
I. Titre. II. Collection : Collection Littérature d'Amérique.
PS8553.E171F32 2006   C843'.54   C2005-942077-4
PS9553.E171F32 2006

Nous reconnaissons l'aide financière du gouvernement du Canada par l'entremise du Programme d'aide au développement de l'industrie de l'édition (PADIÉ) pour nos activités d'édition.

Gouvernement du Québec – Programme de crédit d'impôt pour l'édition de livres – Gestion SODEC.

Les Éditions Québec Amérique bénéficient du programme de subvention globale du Conseil des Arts du Canada. Elles tiennent également à remercier la SODEC pour son appui financier.

Québec Amérique
329, rue de la Commune Ouest, 3ᵉ étage
Montréal (Québec) Canada H2Y 2E1
Téléphone : (514) 499-3000, télécopieur : (514) 499-3010

Dépôt légal : 1ᵉʳ trimestre 2006
Bibliothèque nationale du Québec
Bibliothèque nationale du Canada

Mise en pages : André Vallée – Atelier typo Jane
Révision linguistique : Danièle Marcoux et Diane Martin

Tous droits de traduction, de reproduction et d'adaptation réservés

©2006 Éditions Québec Amérique inc.
www.quebec-amerique.com

En souvenir de mes parents

J'ai toujours eu besoin, pour travailler, de faire face à une fenêtre et que cette fenêtre donne sur un aperçu de ciel et d'espace – j'allais dire : d'espérance. Appliquée à ma tâche, je ne vois plus le paysage. N'importe ! Il suffit que je le sache là pour me sentir réconfortée, emportée, soustraite peut-être à la condition de servitude qui est le lot de tout être, mais encore plus sans doute, quoi qu'on en pense, de l'écrivain, interprète des songes des hommes, mais qui n'y a pas accès à son gré et reste souvent à la porte, à attendre comme un pauvre.

Gabrielle Roy
La Détresse et l'Enchantement

Un jour, je suis mort. C'était vers le milieu de l'été, le ciel était d'un bleu immaculé. C'est l'un des souvenirs les plus précis que je conserve de ce jour-là. Je me suis toujours demandé : « Pourquoi cet événement s'est-il produit au moment où le ciel tout entier semblait se détourner du malheur ? » Je me souviens aussi, mais avec beaucoup moins de netteté, de mon arrivée au premier hôpital, de la lenteur des infirmières à me soulager de la douleur, de mes invectives à leur endroit. Et aussi, à la fin : mon transport en ambulance vers un second hôpital plus spécialisé, parce qu'à ce moment les choses tournaient mal pour moi. C'est là, dans cette ambulance, que j'ai été pour la première fois de ma vie totalement habité par la certitude de ma mort imminente. C'est une expérience peu banale, qui n'a pas grand-chose à voir avec ce qu'on en imagine habituellement. On va mourir, c'est tout. On n'a pas le temps d'être triste, ni même d'avoir vraiment peur. Dans l'urgence du moment, on a le curieux réflexe de rassembler des images, de se composer en catastrophe une sorte de bagage peut-être, comme si on partait en voyage et qu'on réalisait soudainement que, tout au bout de la piste, l'avion n'attend plus que nous pour décoller. Alors à ce brave ambulancier qui me tenait la main et m'encourageait de ses paroles, je disais : « J'ai quatre frères et une sœur, ils s'appellent Jacques, Pierre, Jean-Luc, Benoît et Christiane. Trois d'entre eux sont plus vieux que moi, deux me suivent. Jean-Luc, Christiane et Benoît ont des enfants. Jacques s'est acheté une nouvelle voiture récemment. Pierre est photographe. Tous portent des lunettes. » Mais pourquoi ces précisions maniaques ? Peut-être parce que j'éprouvais le besoin d'incarner par les mots ces personnes que j'aimais tant, de leur donner chair et vie, là, dans cette ambulance hurlante, de les appeler à une certaine existence, à cet instant où je sentais la vie s'échapper de moi à une vitesse si fulgurante. J'ai dit encore : « Il faut aussi que je te parle de Manon », et alors d'une voix saccadée, entrecoupée par le tranchant de la douleur, j'ai parlé de ma femme. Peu de choses me restent aujourd'hui de la description que j'en ai faite, mais j'entends encore ces mots de l'ambulancier quand je me suis tu finalement : « Tu es chanceux. » Et en un sens, c'était vrai. Malgré les cent couteaux qui me déchiraient le ventre, j'avais de la chance : j'avais vécu quarante-quatre ans sur la terre, dont seize auprès d'une femme pour qui les autres étaient toujours plus importants qu'elle-même. J'aurais voulu m'attarder un moment à cela, revoir en pensée un peu de cette époque dont j'étais convaincu qu'elle s'achevait à présent. Mais je sentais qu'il me fallait maintenant me préparer, je ne voulais pas entrer dans la mort si précipitamment, sans avoir pris au moins quelques minutes pour dire adieu à ce monde que je ne reverrais plus. J'avais évoqué, puis imprimé en moi le visage de ceux que j'aimais. Je devais désormais, dans ce véhicule qui allait peut-être devenir mon tombeau, aller au-devant de moi-même. Toute ma vie j'avais été seul, j'avais appelé de mes vœux cette solitude. C'est que j'ai compris très tôt qu'il y avait dans la société de mes semblables un je-ne-sais-quoi qui ne me convenait pas : malgré mes efforts, ce vêtement ne s'ajustait pas sur mes épaules. J'avais espéré pourtant moi aussi trouver quelque valorisation, quelque raison d'être dans le travail, les études, l'enrichissement, cette course frénétique que la vie en collectivité réclame de chacun. L'enfance, l'adolescence avaient passé, puis était venu le temps de l'âge adulte. Je ne voyais toujours pas en quoi tant d'agitation était nécessaire. J'ai cru pendant longtemps qu'en cela reposait le vrai sens de la solitude : non pas dans l'isolement, la distance d'un corps par rapport à un autre, mais plutôt dans ce contraste profond entre soi et le reste des hommes. Mais à l'heure où j'estimais ma fin venue, voilà que la mort accordait un tout autre poids à cette solitude que je pensais connaître. La proximité de mon propre anéantissement m'apprenait le désert que crée, sans doute en nous tous, notre fatalité d'êtres périssables. Je sais aujourd'hui que ce désert-là n'est fait ni de sable ni de pierres, que le vent n'y souffle pas, que nulle végétation n'y plonge ses racines, que nulle bête n'y trouve refuge et qu'aucun ciel ne luit au-dessus de sa patrie. Sur son sol règne un silence peu commun, à mille lieues de la solitude parleuse qui avait été la mienne jusque-là. J'avançais sur ce territoire, qui en annonçait un autre plus sombre encore, peut-être plus impatient de m'accueillir. Comment se glisser dans l'au-delà ? Cette absorption en moi-même à laquelle je m'étais livré depuis tout à l'heure m'a bizarrement permis de m'échapper de moi : soudain, j'ai voulu voir le ciel, ce ciel dont j'avais tant de fois étudié les contours, les couloirs et les cascades, les avions et les mondes suspendus. Je ne sais si j'ai rêvé ceci : à la fin, quand l'ambulance s'est immobilisée, j'ai demandé, juste avant d'entrer dans l'hôpital, qu'on me laisse pendant une minute observer le ciel. C'était le soir, l'air résonnait du chant entêtant des insectes. Là-bas, des enfants jouaient sur le trottoir. Les premières étoiles s'allumaient. La vie continuait, sans moi, me semblait-il déjà. Puis on a poussé la civière jusqu'aux urgences, et je me suis aperçu que pas une fois je n'avais envisagé une suite à mes jours finissants, une vie après la vie, comme on dit.

    L'idée de la mort comparée à un voyage est étrange. Il faut croire très fort en quelque chose de beaucoup plus grand que soi pour imaginer le trépas comme un passage vers un autre lieu, à tout le moins vers une autre réalité. J'ai peu de choses à dire à ce sujet. Durant mon transport vers l'hôpital, à un moment j'ai beaucoup pensé à ma mère, morte trois ans plus tôt, et puis à mon père, disparu lui aussi juste l'automne d'avant. Étais-je en route pour les rejoindre ? Il m'aurait fallu pour admettre cela une prédisposition particulière du cœur. Peut-être ma dévotion à ce monde magnifique et terrible où j'avais vécu pendant plus de quatre décennies était-elle trop grande : le réel ne me suffisait jamais, mais je ne pouvais me convaincre de son prolongement au-delà de ses propres lisières. Dans une sorte de mouvement accordé aux impératifs de l'existence, j'avais toujours cru à l'autorité de l'amour. J'ai fortement aimé beaucoup de gens. Parmi eux se trouvait ma mère, que j'avais aimée comme un puisatier aime la terre : il y avait en cet amour la joie féconde de celui qui creuse les choses et qui étanche ainsi non pas une soif d'eau, mais plutôt sa soif d'une sorte de verticalité. Car en toutes circonstances ma mère, au lieu de s'affaisser, s'appuyait au contraire sur des fondations que la terre elle-même semblait lui dédier. J'avais puisé en elle un peu de cette force tranquille. En ce jour même que je décris, cette solidité me servait encore et me préservait, pour l'instant du moins, de m'écrouler sous le poids de ma propre infortune. Néanmoins, j'étais convaincu que ma mère reposait tout entière sous l'herbe du petit cimetière. Ainsi, il me semblait que même l'amour n'autorisait pas à croire à un débordement des jours dans l'au-delà, à ce voyage d'une âme vers un endroit dont nul n'était jamais revenu pour en aménager le passage. J'ai entendu un jour l'écrivain Éric-Emmanuel Schmitt raconter cette expérience singulière, vécue alors qu'il voyageait à pied en plein désert avec des amis. À un moment, Schmitt prend les devants, s'attarde ici et là à la contemplation d'un paysage, d'un escarpement, d'une pierre aux formes originales. Il s'aperçoit bientôt qu'il a perdu la trace de ses camarades. Il revient sur ses pas, cherche partout le signe de leur passage, crie à l'aide, en vain. La nuit tombe. Résigné, il s'assied au pied d'un rocher, s'ensable pour éviter le gel puis, se préparant à vivre les heures les plus effrayantes de sa vie, fixe d'un œil inquiet les étoiles innombrables qui s'illuminent une à une. Or, cette nuit-là, en définitive des plus exaltantes, fut pour lui la première de sa vie de croyant. C'est en effet dans ce désert, seul au cœur de la nuit glaciale, le corps mêlé à la terre, que lui est apparue une sorte d'évidence de l'existence de Dieu. J'aimerais pouvoir en dire autant. J'aurais voulu, comme Éric-Emmanuel Schmitt et des milliers d'autres, vivre cette expérience d'une révélation. Il me semblait que ceux qui avaient la foi connaissaient une quiétude qui, le plus souvent, m'était refusée. Ma tranquillité, plus terrestre, plus organique, jaillissait d'une autre fontaine : celle du corps patient, de la nature désinvolte, n'attendant que le passage des jours. J'aurais voulu de la foi de ceux qui avaient vu fleurir en eux-mêmes une conscience sinon plus élevée, du moins se pliant davantage aux mystères du monde. Mais je ne consentais guère à l'énigme de la beauté des choses : je cherchais, et presque nulle part ailleurs que dans le monde, l'explication de son miracle. Dans cette quête incessante, Dieu, s'il se souciait un peu de moi, ne me le faisait guère savoir. Quelqu'un m'a dit un jour : « Tu cherches trop Dieu pour ne pas le trouver. » Mais où donc le trouverais-je ? S'il ne s'était pas manifesté même dans cette ambulance dont je parle, où diable me restait-il à chercher ? Dans la mort ? Qui voudrait d'un dieu qui ne serait que dans la mort ? Les plus vieux surtout m'exhortaient à la prière. Mais je m'apercevais que toute ma vie j'avais prié sans le savoir : ces heures passées à mesurer le ciel et ses étoiles, à m'émouvoir du regard mélancolique des bêtes, à marcher dans la nuit, à écrire, à mettre le plus souvent dans l'amour le meilleur de moi-même, à m'indigner du gâchis de la coexistence des peuples, tout cela appelait en moi au recueillement. Je m'énervais à l'idée que Dieu ne se montre à nous que par des voies cachées, impénétrables. Je ne voulais pas d'un dieu à devinettes. Je le voulais assis à ma table, partageant ma fatigue et répondant clairement à mes questions : Qu'y a-t-il dans le cœur ? Qu'est-ce que la mort ? Comment vivre ? À la campagne chez nous, des cerfs se risquaient parfois jusque sous nos fenêtres. Il me semblait voir dans leur œil interrogateur plus de religion que dans la plupart des églises où j'étais entré. Mais aussi, peut-être Dieu logeait-il dans ces animaux farouches et sans voix, dont la fréquentation des hommes se limitait à si peu de chose. Peut-être les cerfs, en s'approchant si près de notre maison, s'essayaient-ils à m'inoculer quelque vibrion de foi. On ne se surprendra pas du pacte que j'ai conclu un jour avec la nature. Chaque bête fuyante, chaque branche comme grimpée sur le ciel, chaque fougère ciselée par je ne sais quelle main de maître, chaque pluie venue laver la terre me paraissait contenir une promesse. Toute ma vie fut le réceptacle de cette promesse. Je me suis souvenu de ces choses sur la civière tandis que, agonisant, j'entendais faiblement, à travers une sorte de brouillard, les voix soucieuses des médecins qui m'auscultaient : oui, toute ma vie je n'avais fait que prêter l'oreille au grand orchestre du monde. À présent que je sentais mon corps même se clore, que je devinais en train de se rompre les derniers câbles me retenant encore ici-bas, je songeais de nouveau à ma femme, à mes frères, à ma sœur. Désormais, je ne reverrais plus la montagne derrière chez nous, ni les cerfs, ni les arbres si près du ciel. De toute évidence, je ne connaîtrais pas l'issue du serment que les cerfs, les arbres et la montagne m'avaient fait. Mais j'emportais avec moi dans la mort l'image de ceux qui m'en consolaient.

Les heures qui suivirent restent marquées d'une impression d'irréalité, d'interventions affairées, de tensions et d'inquiétude grandissante. Vivais-je encore ? Comment peut-on douter de cela, de la réalité des battements de notre propre cœur, d'une main aimée posée sur la nôtre, des coups répétés que la douleur cogne sur le corps, comme rétorquant à l'injure d'une porte qui refuse de s'ouvrir ? Dans un premier temps, il y a dans la douleur physique intense une déchirure : la brutalité de son offense taillade le rideau de la conscience. Nous étions dans le fief de la vie, voici que nous n'y sommes plus tout à fait. Cependant, nous ne sommes pas encore dans la mort. Quelque chose de nous s'y affaire, mais le temps n'est pas venu. L'esprit et la chair se consultent, règlent leurs différends. Ils y arrivent à la fin en une spectaculaire coalition : tout s'éteint en même temps, et soudain ce n'est plus l'existence. Peut-être la douleur trouve-t-elle en cela sa raison d'être : servante loyale du néant, elle prépare l'organisme à son entrée dans le trépas en abrogeant ce qui faisait, du temps de la vie, le grand divorce du corps et de l'âme. Ultimement, la douleur serait donc unificatrice, en ceci qu'elle réconcilie cette part de nous-même qui se sait mortelle et cette autre part qui lui cherche bataille.

Celui qui souffre plus que ne le permet la décence, que ce soit dans son corps ou dans son âme, n'a déjà plus autant accès à la grande et haute famille humaine. Il en est pour l'essentiel exclu, en ce que la dignité qui lui était donnée avec la paix de la chair et de l'esprit est à présent niée. Le voilà désormais membre d'une communauté autre que celle de ses semblables, plus près de la pierre que de la fleur. Et si l'un et l'autre groupe se tendent la main, aucun ne se touche jamais : il faudrait, pour cela, que les pierres et les fleurs se comprennent, qu'une sève circule dans celles-là, qu'une inertie séculaire habite celles-ci. Il me semble que c'est la raison pour laquelle l'homme souffrant est si seul : sa souffrance le séquestre, et les barreaux de sa prison se nomment incommunicabilité, dissemblance, fossé.

Mais, pour moi, des mains expertes ont à la fin interrompu cela. Au moment même où je mourais, on m'a ouvert le ventre, on y a défait en partie ce que la mort y avait entrepris. En partie, car même après, la mort est restée longtemps à traînasser, elle ne se résignait pas à rendre ce corps que non seulement elle avait convoité, mais dont elle s'était presque saisi. Intubé, placé sous respirateur et relié à divers appareils de surveillance et par intraveineuse à au moins une quinzaine de solutés, je resterai ensuite plusieurs jours dans une sorte de coma, de demi-inconscience, plus mort que vif. Ces jours-là laisseront curieusement une trace beaucoup plus profonde dans mon esprit. J'en ai notamment ramené un rêve étrange, interminable. Dans les semaines ayant suivi mon réveil, je n'ai cessé de revoir en pensée ce songe et ses innombrables images. Même éveillé, je n'avais qu'à baisser les paupières, et les scènes revivaient devant mes yeux. Mais pourquoi ces images-là n'étaient-elles faites que de paysages désolés, d'êtres achevant de mourir dans la poussière, d'horizons grisâtres d'où nulle vie ne surgissait jamais ? On aurait dit que mon cerveau, cette succursale du corps, s'était préparé à sa fin.

Le plus extraordinaire ne fut pas de ne pas mourir, mais plutôt d'émerger finalement de ce sommeil d'outre-tombe, en somme de *revenir* à la vie, alors que tout annonçait ma perte. J'avais cru ne plus revoir ce monde. Voilà qu'il m'était redonné. Du creux de mon lit, le matin même de mon retour à la vie consciente, j'ai demandé à l'infirmière qui veillait sur moi d'ouvrir le rideau de la chambre. La lumière blanche du petit jour, inondant alors soudainement les murs, demeurera à jamais pour moi parmi les trois ou quatre choses les plus touchantes que j'aie vues sur cette terre. Mais un sentiment bien plus fort encore m'a traversé tout entier lorsque, plus tard, mes frères et ma sœur sont arrivés à mon chevet et que, de mes mains tremblantes, j'ai pu toucher les leurs. Peut-être en vérité suis-je bel et bien mort pendant que je dormais, enfermé dans mon rêve lent et terrible. Sans doute, en tout cas, une partie de moi est-elle morte en ces jours-là. À présent même que j'écris ces lignes, ne suis-je pas en train de vivre une vie autre, plus haute, peut-être plus difficile aussi, à cause de l'exigence qu'a créée en moi-même le souffle de la mort sur mon visage ? Car cette exigence est en partie faite d'entraves : une chaîne me relie désormais à la mort, qui me rappelle sans cesse notre filiation mutuelle et irrévocable. Dorénavant, je ne peux plus effleurer de mes doigts la terre sans penser : « Cette poussière où s'impriment aujourd'hui mes pas me recouvrira un jour. La terre ne retient mon passage que pour mieux se souvenir, à la fin, qu'il faudra m'y enfouir, comme dans une mémoire. » Mais cette conscience naissante, qui se propage dans le corps complètement, est le contraire de la tristesse. Je ne peux m'expliquer la joie ardente qui veut désormais sourdre de mes veines, de mon esprit, à cette seule pensée que mon avenir aura une fin. Peut-être, en nous-mêmes, un mécanisme simple enclenche-t-il, quand il s'ébranle, cette urgence de célébration que toute vie nouvelle inaugure puis cultive, du fait même de l'intuition de sa brièveté. J'écris ce livre afin de dire ceci : je suis vivant parce que mon corps et le néant qui l'attend se sont rencontrés par accident, un jour de grand soleil, et que de cette rencontre est née une étoile qui danse.

Les éléphants, dit-on, ont une conscience particulièrement aiguë de la mort, de la leur sans doute, mais aussi de celle de leurs semblables. Au cours des migrations, lorsqu'ils découvrent les restes d'un congénère, on les voit briser la colonne qu'ils avaient formée depuis le dernier point d'eau et venir se recueillir sur les chairs et les ossements déjà à demi ensevelis. Écrasé de chaleur, conduit comme toujours par une femelle, le troupeau, souvent une trentaine de bêtes, encercle le défunt. Les longues trompes le caressent, l'enserrent. Certains individus s'écartent, vont arracher des herbes qui poussent non loin, puis viennent en recouvrir le corps. De la terre et du sable sont aussi soufflés sur ce qui subsiste de la grande bête. La cérémonie dure longtemps, apparemment ponctuée de silences. Mais en réalité, tous émettent des infrasons, inaudibles à notre oreille humaine. Que se disent-ils, que murmurent-ils donc, ces animaux étranges qui ont au moins ceci en commun avec nous : le désir secret et improbable que le trépas contienne encore un peu de cette vie pourtant achevée ? J'ai partagé pratiquement toute ma vie avec les animaux. Je les ai observés, fasciné, sans cesse touché par leur beauté, mais aussi troublé par cette lumière étrange dans leurs yeux. C'était comme s'ils ne voyaient pas le même monde que nous ou, plutôt, comme s'ils voyaient à travers lui une réalité qui échappait à nos sens. Peut-être, en effet, notre monde n'était-il pour eux qu'un filtre agissant à la manière d'un verre dépoli et leur permettant de discerner au-delà des simples apparences. Enfant, j'avais souhaité me changer en chien ou en cheval. Il me semblait que les choses devaient être plus belles ou, en tout cas, moins jalouses de leur secret, dans cet univers comme s'ajoutant au nôtre, et dont je croyais voir

La Fabrication de l'aube

le reflet dans le regard des bêtes. Ainsi les animaux me paraissaient détenir une clé. À défaut de posséder cette clé, j'ai toujours tenté de forcer une serrure, le verrou solide assurant son mystère à tout ce qui fait la marche des jours : le hasard, l'adversité, l'avenir, la beauté, l'affliction. Sans doute cette quête fut-elle nourrie de chimères. Du moins n'aura-t-elle pas été complètement vaine. Je dois beaucoup à cette ambition d'augmenter le monde, d'en découvrir une dimension plus éminente, je dirais plus glorieuse : sans cette recherche, si proche d'une prière, je ne serais pas devenu écrivain. En définitive, c'est mon chien, c'est le cheval que j'allais caresser, c'est le renard que je voyais passer et dont j'enviais la fulgurance, qui, parmi les premiers, m'auront mené à ce métier. C'est qu'il y a dans le travail de l'écrivain quelque chose qui précède la conscience et qu'un processus plus ancien organise : les pierres, qui, il y a quatre milliards d'années, firent naître de leurs entrailles la vie sur terre, ont dû être soulevées par ce même désir de progression vers une vie plus achevée. Les bêtes, bien plus que nous il me semble, ont maintenu ce désir en elles. Elles se souviennent du passé lointain. À l'hôpital, quand je me suis finalement éveillé au bout de quelques jours, je voulais à nouveau me changer en chien ou en cheval. J'avais besoin, sans doute plus que jamais auparavant, de voir en ce monde davantage qu'une terre de souffrance et de peine. Plus encore : j'espérais que le monde ne soit que le prolongement de mon songe, et qu'à la fin en jaillisse la réalité peut-être plus émouvante d'un cheval ou d'un chien.

 Pendant treize ans j'ai vécu avec Félix, un gros chien noir dont la gentillesse compensait largement l'intelligence ténue. Chaque matin, quand je partais pour le travail, je lisais dans ses yeux ces mots, toujours les mêmes : « Reviendras-tu ? » Treize ans, cinq fois par semaine, et toujours ces mêmes mots dans son regard, cette même absolue désolation trahie par ses oreilles rabattues, sa queue arrêtée dans son balancement par tout le chagrin du monde. Mais le soir je rentrais et pour lui c'était la fête. Il me jetait sur le plancher et m'y maintenait avec ses grosses pattes noires en agitant frénétiquement la queue ; c'était comme si je venais le libérer d'Auschwitz. Dans ses yeux il y avait ces mots, toujours les mêmes : « Hourra ! Tu es revenu ! » Puis, un soir, maman est morte. Autour du lit, un de mes frères a dit : « Adieu, maman. » Mais ensuite nous sommes restés encore un peu quand même pour voir si elle n'allait pas se raviser et nous revenir, si elle n'allait pas ouvrir les yeux, se lever, faire sa valise et repartir avec nous. C'est la chose la plus extraordinaire que je connaisse : tous ceux que l'on aime mourront un jour, tous sans exception, et pourtant personne n'y croit. Dehors, l'été mourait à son tour. On était à la fin du mois d'août, les étoiles par milliers jetaient sur le monde une sorte de lumière ultime. Adossé à son rocher dans le désert, Éric-Emmanuel Schmitt avait-il vu cette même lumière ? Si elles le pouvaient, que nous diraient-elles, ces étoiles qui ont tant vu le monde s'agiter ? J'y cherchais quant à moi un signe de maman. J'aurais souhaité qu'elle me fasse connaître le moment de son retour. C'est à cet instant que j'ai repensé à mon vieux chien. J'ai dit tout bas, comme pour moi-même : « C'est donc ça qu'il a ressenti chaque matin pendant treize ans. » À la fin je suis monté dans l'auto et, escorté par tout ce ciel, j'ai filé vers chez moi, en chemin vers la nouvelle vie qui m'attendait, ma vie sans mère. Au fil des kilomètres, je pensais bien sûr à elle. J'étais à la fois soulagé qu'elle ne souffre plus et complètement désolé de savoir que je ne la reverrais plus jamais. Au cœur de cette nuit qui m'enveloppait, je me sentais, comment dire ? humain. Humain comme les chiens, comme les éléphants.

Aux soins intensifs, j'ai beaucoup pensé à ma mère. La nuit surtout je l'appelais, je disais : « Fais-moi un signe, fais bouger ce rideau. » Mais le rideau ne bougeait pas, et je restais seul. Une infirmière venait, restait un moment à mes côtés, puis m'injectait dans les veines des substances qui me donnaient d'incroyables hallucinations. Je demandais : « Qui sont tous ces gens rassemblés autour du lit ? » L'infirmière souriait, je croyais voir dans ce sourire celui de maman. « Tu es donc revenue », murmurais-je, le cœur près de se rompre de joie. Puis je sombrais dans un sommeil sans rêve, compact comme un rempart. Des heures s'écoulaient. Rien n'arrivait. J'étais comme maman : allongé dans une tombe, soumis entièrement à la pensive lenteur du silence.

C'est de ma mère que j'ai appris à vivre lentement. Les matins d'été, à la maison familiale, elle venait souvent s'asseoir sur le balcon. Je l'y rejoignais, elle me disait : « Écoute cet oiseau dans l'orme : c'est le même que j'ai entendu hier, et avant-hier encore. Il a ses habitudes. » J'avais dix, douze ans. Je tendais l'oreille sur le monde, et le monde me renvoyait sa rumeur chantée. C'était avant que je ne perçoive le fracas venu du fond de la terre, charriant avec lui la colère des peuples entrechoqués, le bruit de la bêtise faite homme. Nous restions là, maman et moi, à écouter les merles, à regarder les feuilles scintiller dans la brise matinale. La Terre tournait-elle encore ? Le ciel, là-haut, cessait-il un moment de rassembler ses étoiles en prévision du soir ? Tout était suspendu. Je ne me souviens pas d'instants plus étrangers à la fuite du temps. Nous vivions lentement, l'espace d'une heure ou deux. Puis ma mère retournait à ses travaux ménagers. J'entendais distinctement au loin le bourdonnement grandissant, comme s'éveillant petit à petit, d'une mécanique immense, fabuleuse : le monde, à présent, reprenait sa course. Le soir, maman remettait ça. Mais c'était plus épatant encore, parce que mes frères et ma sœur se joignaient à nous sur le balcon. Ce n'était plus alors que rigolades sonores, farces et railleries, que maman, sans les encourager véritablement, entretenait de son rire discret et complice. Il y avait, il y a toujours, planant au-dessus de cette famille, une sorte de grand oiseau moqueur, doué pour le ravissement, et qui n'a de repos que lorsqu'il contamine de sa science nos six têtes éternellement jeunes et ahuries. Je n'ai jamais cessé de m'émerveiller de la collection de gènes qui nous a pourvus, tous les six sans exception, de cette faculté d'autodérision, de cette inestimable capacité à démonter l'ordonnance du drame. Je garderai jusqu'à mon dernier jour la conviction que cette drôlerie-là recèle quelque chose d'authentiquement sacré, qu'elle constitue une sorte de clé pour l'absolu. Car à côté de nos pitreries – ou, plutôt, comme émanant d'elles – était la conscience sourde que, sans le rire, nous ne sortirions pas indemnes de la grande indifférence du monde, de la nature et du hasard. Un instinct amiral, souverain et délirant nous faisait comprendre cela. Je suppose que c'était notre façon de croire en Dieu.

Sur le balcon, à la fin, l'hilarité s'estompait, nous nous calmions un peu. Le jour avait fui, nous n'avions rien remarqué. Dans le silence à peu près revenu, et sans le laisser voir, nous nous regardions les uns les autres, chacun mesurant peut-être sa chance inouïe. Au bout de la rue le soleil se couchait, les plus jeunes d'entre nous étaient fermement et habilement invités à faire de même. J'allais donc, non sans rouspéter, me glisser entre les draps de mon lit. Le sommeil voulait venir, je le repoussais : à ma fenêtre un feu commençait, que j'observais recouvrant peu à peu le monde de sa flamme éparse et blanche. Quelles foules vivaient donc dans ces étoiles, quelles machines en assuraient la marche, quelle lumière vibrante y célébrait-on ? J'avais dix, douze ans, et déjà le ciel, bien plus que la terre, était mon domaine. Je m'étonnais, trente ans plus tard, de poser le même regard sur les astres paraissant le soir à ma fenêtre d'hôpital. L'enfance avait donc survécu si longtemps ? Je cherchais à expliquer ce prodige. Le ciel lui-même, je crois, avait tenu un rôle dans cet allongement non réglementaire. Mais pourquoi le ciel m'inspirait-il tant, pourquoi donc voyais-je en lui la représentation d'une jeunesse immuable ? J'aimais cette façon qu'avaient les jours de le nettoyer et de déposer sur lui leur lumière sans cesse refaite. Ce mécanisme, si totalement indépendant de nous et depuis toujours recommencé dans le même irréductible apparat, était à mes yeux l'image parfaite de l'éternité. Ainsi le ciel, son ampleur et sa constance me suggéraient que quelque part, ou de quelque façon, existait une forme de permanence où les choses du temps qui passe n'avaient plus cours. Je crois que c'est pour cette raison que j'ai toujours aimé les arbres, les montagnes et les gratte-ciel, qui sont autant d'échelles : j'ai voulu connaître, grimpé à leur sommet, ce que c'était que de toucher des doigts l'éternité, à tout le moins l'idée de l'éternité. J'enviais les oiseaux, moins pour leur chant et leurs couleurs que pour l'accès privilégié au ciel qui leur avait été accordé par je ne sais quel partial encanteur. Très jeune, je fabriquais des pièges à volatiles, dont la construction bancale donnait toujours l'avantage au piégé. Je ne me souviens pas d'avoir capturé aucun de ceux que je tentais de déjouer ainsi, mais mon entreprise était de toute façon vouée à l'échec. Car ce que je convoitais était la suite logique de mon rêve : sans m'en douter encore, je cherchais chez ces petits habitants du ciel, cachée sous les ailes peut-être, la raison de la précarité des choses. Et puis, le ciel était toujours plus grand que la terre qu'il recouvrait. Je me plaisais à imaginer que si l'on devait suivre le trajet que, de son long bras, il semblait nous indiquer, cela nous mènerait sur une terre si lointaine et si différente que les étonnants devoirs de l'âge adulte n'y revêtiraient plus une si grande importance. D'une certaine façon le ciel me parlait, et je le comprenais en partie. Peut-être avais-je noué tant de liens avec lui qu'il en était venu à déverser en moi un peu de sa plaine : je sentais parfois se déplier dans mon âme comme une vaste étendue, un espace défriché par quelque bâtisseur de cathédrales. Quoi qu'il en soit, j'étais né sous deux de ses étoiles, l'une bonne et l'autre mauvaise, cette dernière m'ayant pourvu d'un corps qui ne tient pas la route et qui finira, tôt ou tard, par me trahir. Je ne cesse de rendre grâce à l'autre, la bonne, de m'avoir tant donné : une famille grave et légère, la rencontre de ma femme, une curiosité de sourcier, le talent, l'humour, une intelligence toujours déçue d'elle-même et qui trouve dans le cœur ce qui lui manquait, une peur circonscrite de la mort.

Mais le ciel n'était pas seul en cause. Mon coudoiement quotidien avec mes frères et ma sœur avait aussi encouragé ma station prolongée dans l'enfance. Je ne connais pas aujourd'hui beaucoup d'humains de leur âge plus investis par cette sorte d'état de grâce légué par les premières années de la vie. Quoique tous exercent brillamment leur métier d'adulte, quelque chose chez ces cinq individus infatigablement farceurs ignore comment vieillir. Peut-être pour eux le tiroir où l'on doit un jour ranger son vêtement primitif ne s'est-il jamais complètement fermé. J'ai ressenti cela, la nuit, quand la douleur forçait mes paupières à se soulever et que, éjecté du sommeil, je croyais voir à mon chevet ces gens aimés que je venais de côtoyer dans mes songes. Ce n'était bien sûr qu'hallucinations et autres projections de mon cerveau détraqué par les drogues et le chagrin. J'avais ramené néanmoins de mon rêve la réalité de cette enfance que j'avais appris, auprès des miens, à étendre et à rétablir sans relâche : tout à coup, la nuit mauvaise de cette chambre s'illuminait de la lueur d'une étoile, évadée d'un ciel dont j'étais redevable à ceux que j'aimais.

N'empêche : l'enfance, une certaine enfance, s'est probablement terminée pour moi dans le sillage de ces moments critiques. Un événement s'est produit, une déchirure, un impact décisif a marqué la fin de ces années-là. Les physiciens les plus progressistes avancent ces années-ci une théorie audacieuse : le big bang qui créa notre univers il y a quinze milliards d'années aurait été provoqué par la collision de deux dimensions, c'est-à-dire deux mondes, jusqu'à présent inconnues de nous puisque non repérables autrement qu'à l'échelle mathématique. C'est la fameuse théorie du Tout (ou théorie M), dont Albert Einstein lui-même jeta les bases il y a de cela presque un siècle. Je ne mentionne l'existence de cette théorie que pour établir une comparaison : presque toute enfance s'achève dans un télescopage. Et bien sûr, ce heurt, ce choc si important signalant la fin des années d'apprentissage annonce toujours un deuil : la relative disparition d'une longue période de bien-être et de liberté presque pure. Mais il engendre, du fait même de sa force de frappe, une myriade de fragments originaux, tout un monde, un cosmos nouveau. C'est la vie adulte qui éclôt, avec ses grâces et ses disettes. La plupart des gens s'en accommodent, en raison surtout de l'autorité nouvelle qu'elle confère, des droits qu'elle autorise et du mensonge organisé et si commode qu'elle sanctifie. Mais pour moi, et sans doute aussi pour mes frères et ma sœur, la collision ne fut jamais qu'un arrimage : celui de l'enfance avec l'âge adulte, ce dernier n'ayant été dans mon cas qu'une version plus dramaturgique de mes premières années, c'est-à-dire exigeant davantage de méthode, de sérieux et de feinte bienséance. Pour le reste, j'ai eu douze ans pendant plus de trente ans.

J'ai décrit, dans un roman intitulé *Les Choses terrestres*, l'extravagante maladie d'un jeune garçon dont le ventre puis le cerveau sont transformés pour un temps en la résidence d'une tourterelle, oiseau au chant à la fois triste et mélodieux. Cela a pour effet de provoquer chez le petit Jules un coma profond, long et peuplé de rêves fantasques. Mais le plus étonnant est que ces rêves ont la propriété de quitter le corps qui les contient, puis, plutôt que de simplement se refléter devant nos yeux ébahis, de prendre littéralement vie dans la réalité, se mêlant à elle. Ainsi voit-on, un soir, une petite constellation d'étoiles et d'objets célestes divers tournoyer au-dessus du lit de Jules, cependant que, dans sa main, on trouve comme tombé de ce ciel étoilé le message d'amour griffonné en rêve une heure plus tôt par son frère. D'où m'est venue cette histoire belle et saugrenue? En somme, d'où viennent les idées? Après des années d'inventions et d'incessants recours à l'imagination, je commence à peine à risquer une réponse. Je songeais à ces choses tandis que les heures s'égrenaient et que des médecins de toutes spécialités se succédaient à mon chevet. Amaigri, affaibli horriblement, je les recevais dans le petit réduit de tubulures, de pansements, d'écrans moniteurs affolés et de fièvres contenues qui me tenait lieu de chambre. Tous, immanquablement, me demandaient : « Souffrez-vous ? » Cette question, je l'entendrai prononcer des dizaines de fois au cours des mois suivants. Et c'était, effectivement, une question primordiale, fondatrice de tout l'édifice humain. Dans *Les Choses terrestres*, Jules, quoique profondément endormi, souffre indescriptiblement. J'ai voulu illustrer cela en le plongeant, justement, dans un sommeil si dense qu'il n'arrive plus à communiquer avec ses proches que par l'entremise du rêve. Les voies habituelles, c'est-à-dire les mots, ne lui sont plus d'aucun secours. Mais le sommeil, cette petite tombe, renferme en lui-même un bijou précieux : le rêve, révélateur prodigieux de toutes nos souffrances. Ainsi, Jules ne parle pas mais, au moins de façon figurative, livre à ceux qu'il aime l'expression de sa douleur, par la médiation toujours sincère du songe. Tout cela établit à mes yeux un élément de réponse à la question posée tout à l'heure : d'où viennent les idées ? Je crois qu'elles naissent du terreau où le mot même d'*humanité* trouve son sens : toute création de l'esprit, y compris le rêve, n'est-il pas le résultat d'une insuffisance, et donc d'une souffrance ?

Et la souffrance appelle le courage, qui s'épanouit ou se flétrit selon les jours. Qu'est-ce au juste que cette chose fugitive, peureuse, qu'est le courage ? J'aimerais le savoir mieux. J'ai pourtant dû en faire usage fréquemment, tandis même que les heures lâchaient sur moi leurs bêtes enragées, me lacéraient les flancs. Souvent, tout au début surtout, la seule pensée digne de ce nom qui me venait à l'esprit était celle de ma chienne restée à la maison. Pendant toute la durée de mon séjour à l'hôpital, j'ai gardé, épinglée sur le mur à côté de mon lit, une photo de cet animal indescriptible tant par son apparence que par son inépuisable bienveillance. La première chose que j'apercevais à mon réveil était donc l'image de Clara, pointant vers moi son museau humide et hirsute, me décochant un de ses regards de pure stupéfaction. Comment ne pas voir dans cette face-là un encouragement à la joie ? De la poignée dérisoire formant le lot de mes certitudes se dégage le sentiment très net que les chiens en général, et certains en particulier, ont été répandus sur la terre afin de nous extirper du désespoir. Le courage est une étrange chose : il nous fuit au moment même où nous le convoquons, il arrive alors que la table est desservie. Peut-être les chiens, qui malgré leurs aboiements de forcenés sont parmi les êtres les plus poltrons qui soient, conçoivent-ils cela. Peut-être même voient-ils dans nos âmes, ce qui expliquerait leurs yeux tristes et étonnés. Mon ami Jacques Clermont, poète doué et magnifique, a connu la douleur de voir mourir son père. Ce dernier vénérait les chiens. À l'église pendant la cérémonie, le cercueil repose au milieu de l'allée. L'été est à son plus fort, derrière les fidèles rassemblés les portes sont laissées ouvertes. Sur le parvis désert un chien arrive, inconnu de tous, reniflant, la queue frétillante. Il entre, se dirige avec assurance et frivolité vers le mort. Arrivé à sa hauteur il en fait deux fois le tour puis, comme en guise de salutation, jappe un coup et s'en retourne sans demander son reste. Certains parmi l'assemblée n'ont vu en cet incident que le fruit cocasse du hasard. Je ne l'ai jamais conçu autrement, quant à moi, que comme la démonstration du talent premier de ces bêtes foreuses d'âmes. Un soir il y a longtemps, un camion fou est passé sur le corps de mon chien Félix. À minuit, j'ai moi-même transporté dans mes bras jusqu'à la clinique ce grand corps brisé et implorant. Je n'arrive pas à effacer de ma mémoire le regard que cet animal affable et adorateur m'a lancé quand je l'ai déposé sur la table du vétérinaire. Je reste convaincu, des années après sa mort, qu'il y avait dans ces yeux-là une prière : « Ne m'abandonne pas, bougre d'humain ! » On me pardonnera, j'espère, cet anthropomorphisme primaire. Mais j'affirme ici que si je suis toujours vivant je le dois, en partie du moins, à mon improbable chienne Clara, dont le souvenir, à l'hôpital, venu quotidiennement emplir ma tête et mon cœur, m'a sauvé plus d'une fois de l'effondrement le plus entier. Peut-être est-ce cela, le courage : cette contamination puissante, agissante, enflammant tout l'organisme, et dont le foyer se situe hors de soi, en un être nous inspirant de l'amour.

Ainsi, une chose surtout m'a préservé de la mort : la présence persévérante de mes proches, de mes amis. Aux heures où aucun commandement au corps comme à l'esprit n'était plus envisageable, incapable désormais du plus élémentaire mouvement en avant, j'étais prêt à abandonner le combat. Mon frère Pierre arrivait alors à mon chevet, comme on lance une bouée à un homme promis aux abîmes. Vingt fois, trente fois j'ai ressuscité grâce à lui. Je l'écoutais me rapporter les nouvelles du monde, et le monde, à nouveau, me paraissait un lieu habitable. À nouveau, j'avais dix, douze ans, j'étais sur le balcon avec ma mère et j'écoutais la chanson que me renvoyait la terre. Aussi profond que fût mon enfouissement, ma remontée de la fosse ne dépendait souvent que de cela : le geste furtif de mon frère caressant mon épaule, sa question, toujours la même, lorsqu'il poussait la porte de la chambre : « Ça gaze ? » Cela tissait entre nous une tendresse nouvelle qui, par une sorte de réserve ancestrale, ne disait jamais son nom. Dans les chambres voisines, d'autres se sautaient au cou, pleuraient, hurlaient, frappaient les murs, maudissaient le ciel. Rien de tel entre mon frère et moi. Seulement une affection sobre, muette et pourtant éloquente, que le simple bruit d'un drap froissé suffisait à multiplier.

J'aurai appris ceci : à l'instant redouté où l'intelligence, la sensibilité, l'instinct abandonnent, le corps prend le relais. Combien de fois, ayant la veille lucidement décidé de me laisser mourir, ai-je tout à coup surpris mes jambes à sortir du lit, à entraîner avec elles tout le reste de ma personne pour une promenade jusqu'au bout du corridor, question de se dégourdir un peu ? J'ai perçu dans mon crâne à quelques reprises, dans ces moments troublants où la mort paraît plus douce que la vie, le grincement circonspect d'une porte qui s'entrouvre. C'était la porte du corps, de la grandiose mécanique du corps, sur laquelle quelqu'un venait de cogner, faisant valoir que l'heure était venue d'accomplir quelque besogne. Quel était ce *quelqu'un* ? Ceux qui, perdus en mer, s'échouèrent sur des rives hostiles, puis furent à la fin rescapés et réintégrés à un monde ordinaire, répondront le mieux à cette question. On m'a dit récemment : « Ce corps dont tu crois qu'il t'a trahi t'a en fait sauvé la vie. » J'avais jusque-là, en effet, compris que ma chair avait été un adversaire, et que je ne devais à ma survie que d'avoir bu à d'autres puits que les siens. Je me troublais, jusqu'à récemment, de n'avoir pas vu plus tôt la bouée lancée par ce corps-là, alors que, pendant presque six mois d'hospitalisation, j'ai été si à l'affût de ses moindres mouvements et réactions. Mais je sais aujourd'hui que mon aveuglement tenait à ce que je ne voulais pas emprunter au retour le même chemin qu'à l'arrivée. Qui désirera le soir reprendre le sentier inondé le matin ? À moins que le tourment ne soit thérapeutique, ce à quoi je ne peux me résoudre, mille détours ne sont jamais superflus s'ils permettent d'éviter de souffrir.

Le corps ayant manifestement joué pour moi le rôle d'un canot de sauvetage, je ne suis plus sûr à présent de la suprématie de l'âme. J'ai longtemps cru au pouvoir libérateur de cette enjôleuse. J'avais eu pour elle des fêtes excellentes : j'ai fumé à sa gloire des kilos de marijuana, croyant ainsi l'élever vers de plus hautes zones. Je me souviens également de m'être aventuré jusqu'en Arizona, dans les gorges du Grand Canyon, croyant voir dans les strates mauves et orangées la preuve millénaire d'une présence supérieure. Je regrette maintenant de n'y avoir pas simplement observé l'un des paysages les plus extraordinaires du monde. Jésus, Krishnamurti,

Thoreau et John Lennon ont aussi figuré sur la liste brève de mes ravitailleurs d'âme. C'était l'époque légère et ingénue où le corps, la matière n'étaient encore à mes yeux que les subalternes de l'esprit. Mais voici que les chimistes et les biologistes nous apprennent cette chose surprenante : le moi, ce que nous appelons l'âme ou l'esprit, c'est la matière qui pense. Ce que je prenais à vingt ans pour un supplément d'âme n'était donc que le témoignage proéminent de l'encéphale, la courte émeute des lobes frontaux, hérités de notre ancêtre Homo habilis et commun aujourd'hui à tous mes semblables bipèdes évolués. Peut-être l'expérience de mes jambes me tirant du lit et enfilant mes pantoufles fut-elle la preuve de ma réalité toute chimique et biologique. J'accepte volontiers cette idée. L'hypothèse que le monde soit explicable de bout en bout me soulage d'un fardeau considérable. Sans doute ne mesure-t-on bien le poids de l'âme qu'à ce prix : il faut s'en dégager, la considérer désormais comme une annexe et non plus comme un univers à porter sur soi. C'est la paix du ventre qui en dépend.

Le mois de juillet ramenait toujours chez nous deux anniversaires : le mien et celui de mon petit frère Jean-Luc, à qui j'étais donc lié par le soleil d'été, le plus généreux de tous. Cette suture astrale, par le jeu surprenant des contrastes, exerçait peut-être sur nous son effet. J'étais proche des choses du ciel, j'étais le roi mage traquant la comète intérieure qui mène à un dieu intime, domestique. Mais Jean-Luc marchait sur le monde, avec sous ses pas une piste qui n'appartenait qu'au monde, et les étoiles au ciel n'étaient pour lui que décoration. Ainsi fut-il le seul d'entre nous à déserter les écoles, peut-être parce qu'il percevait en lui-même la leçon d'un autre maître, plus proche d'une immédiateté toute terrestre, répondant mieux au regard si peu aérien qu'il posait sur les choses. Un jour que je lui suggérais d'attendre un peu avant d'aller cohabiter avec sa nouvelle compagne, de l'*apprivoiser* davantage, comme on disait à cette époque, il me fit cette réponse : « L'apprivoiser ? Bon sang, mais pour quoi faire ? Cette fille n'est pas un écureuil ! » Malgré sa désinvolture et sa dégaine d'éternel vacancier, il était, en un sens, plus préoccupé que nous : mes frères, ma sœur et moi étions engagés, au fond, sur une espèce de rail que nous sentions nous mener à bon port. Mais on aurait dit que, pour Jean-Luc, ce train-là ne pouvait le conduire qu'à sa perte, c'est-à-dire à cette sorte d'ennui irrecevable que l'école, que la vie ordinaire, déjà, lui avaient fait entrevoir. Cela fit de lui, au milieu de notre meute, une sorte de marginal intégré, presque protégé. Il n'avait toutefois aucunement besoin de notre protection : c'était un doux batailleur, qui n'utilisait jamais ses poings mais la force irrépressible et progressiste de son originalité. Solidaires, rapiéceurs soigneux et obstinés du tissu familial, nous étions cependant tous des solitaires, mais la solitude prenait chez Jean-Luc un sens inédit. Ce n'était pas qu'il s'isolait, créant entre lui et les autres un espace, mais plutôt qu'il inventait un territoire vierge puis s'en saisissait. J'ai toujours vu en lui la figure rénovée de Robinson Crusoë. Le naufragé le plus célèbre du monde n'avait-il pas, au fil de la trentaine d'années passées sur son île, fabriqué à sa façon un monde extraordinaire, splendidement adapté à son existence claustrale, avec des moyens dont lui seul disposait ? Mon jeune frère portait en lui cette sorte de moyens. Très tôt, comme poussé par une nécessité que nous n'éprouvions pas encore pour nous-mêmes, Jean-Luc avait conçu les instruments utiles à l'avancement de son programme : imaginaire détonnant, hardiesse silencieuse, liberté soutenue, humour bétonné. Il y avait aussi dans ce corps massif et redressé, ce regard embrassant l'horizon, cette soif pour la fabrication d'un monde, un peu de l'impulsion tant attendue des premiers hommes enfin libérés de la généalogie de leurs ancêtres grands singes : mon frère circulait sur la terre à la façon d'un chasseur-cueilleur, mais sondant un univers dont le gibier et les racines délectables n'étaient nulle part ailleurs que dans son esprit prolifique et poétique. Cette ingéniosité pleine d'un lyrisme pragmatique, déployée par lui au sein d'un milieu hostile, n'a cessé de forcer mon admiration. Plus jeune, j'ai été stupéfait du génie inventif de Jean-Luc. Puis, les années mêlant à ma stupéfaction un peu de calme, j'en ai été ébloui. Il m'apparaît depuis longtemps que, de tous les membres de notre famille, c'est lui le plus totalement artiste : c'est de sa vie même, qui est le matériau, le bloc dense et brut dont il équarrit le schéma, qu'il extirpe son œuvre. Un beau matin, tandis que nous étions encore tous penchés sur nos cahiers et nos ouvrages d'étudiants, mon frère a plié bagage et il est parti, deux sous en poche, explorer l'Ouest canadien. Il y est resté un temps fort long, errant ainsi qu'une chèvre dans les montagnes Rocheuses, travaillant ici et là, mais surtout effectuant ce que je conçois encore à présent comme sa conquête personnelle d'un Far West emblématique, sa façon bien à lui de fonder le pays profond qu'il avait tant de fois arpenté tandis que, auprès de nous, il rêvait à ses rêves royaux. J'ai en tête le souvenir très vif du jour de son retour de ce grand voyage initiatique. Deux choses m'avaient étonné : son discours d'arrivée et son sac à dos, tous les deux des plus compacts et brefs. Je crois que c'est à ce moment précis que j'ai compris à quel point l'univers de Jean-Luc était dépourvu non pas de densité, mais de toute pesanteur. Ses paroles courtes, son bagage sommaire témoignaient de cela : il semblait plus que jamais ne pas vouloir ajouter à la lourdeur du monde, c'est-à-dire au poids de son agitation un peu vaine, au bruit de sa rumeur certains jours si assommante.

Peut-être avait-il ramené des sommets montagneux et du silence des chèvres comme prêtes à s'envoler un goût nouveau pour le ciel. C'est en effet à partir de là qu'il entreprit une formation de pilote de petits avions, qu'il acheva bientôt. Désormais les étoiles, qu'il avait prises jusque-là pour de simples lampes, lui serviraient de guide. Il se mit ainsi à fréquenter les parages des oiseaux et du vent, cette autre terre accrochée à des mondes plus hauts. Il continuait donc à marcher en sens inverse des foules consentantes, agrippant au ciel son corps tout entier, si je puis dire, et trouvant là, comme au bout de ses doigts, l'espace indispensable à l'accroissement de ce pays qu'il bâtissait peu à peu. Rencontrait-il, là-haut, d'autres voyageurs qui, comme lui, n'arrivaient pas à se désaltérer aux seuls ruisseaux de la terre ferme ? À l'aube surtout, lorsque le soleil éclairait à nouveau les choses et que j'apercevais, de mon lit d'hôpital, les premiers mouvements du ciel, je songeais souvent à cela. J'imaginais mon petit frère se mêlant à un peuple qu'un silence de chèvres aux rêves élevés aurait réuni. Une autre vie se vivait là, sans doute plus douce, que ces gens célébraient entre eux, bien calés dans leurs appareils, souriant au soleil étincelant. Il me semblait parfois que si mon frère pilotait des avions, c'est qu'il cherchait, avec l'aide du ciel, à prolonger son propre corps, dont les bornes trop rapprochées n'avaient pas autorisé cette sorte de communion avec la grandeur du monde. C'est ici que nous nous rejoignions tous les deux : en ce point cardinal où le cœur demande à boire.

Il venait très souvent me rendre visite à l'hôpital. Il ne restait pas longtemps ni ne parlait beaucoup : un ciel, encore, était en lui, furtif et presque muet. Je sentais cela, et alors je n'avais plus tant besoin des paroles de mon frère. Un peu de temps passait, Jean-Luc s'efforçait de me rassurer. Y parvenait-il ? Il était mon jeune frère, n'était-ce pas moi qui aurais dû normalement le réchauffer de mon manteau ? Mais j'avais senti venant de lui le geste d'une antilope qui se penche pour protéger son petit. Il arrivait parfois accompagné de ses trois enfants, tous nés le même jour de septembre à une minute d'intervalle. Je ne sais pourquoi, j'avais toujours vu en ce triplé une métaphore, l'image vive d'un triangle réunissant par ses côtés trois domaines : l'eau, la terre et le feu, autrement dit le principe même de toute chose vivante, son évidence. À présent que les circonstances le permettaient, je mesurais mieux la justesse de ce sentiment, et me plaisais à puiser dans la présence de ces enfants la lueur d'espoir que leur père avait esquissée pour moi par le bagage concis de ses mots. Peut-être outrepassais-je les limites raisonnables de cet espoir, mais quand tous les quatre avaient quitté ma chambre, je restais longtemps avec l'impression d'avoir sur les genoux une carte géographique, sur laquelle les lignes d'une latitude et d'une longitude se rejoignaient en un point précis. Je sais aujourd'hui que cet endroit que je désignais, c'est celui-là même où je suis ce soir : ma maison bleue accrochée à la montagne, la table de travail devant la fenêtre où, de mes mains, je fais naître ces quelques mots.

De ma chambre d'hôpital, j'apercevais la bâtisse où mon père avait vécu la dernière année de sa vie. C'était un endroit sécurisé, communautaire et banal, où des vieillards attendaient la mort en discutant de leur passé à jamais enfui. Maman était morte depuis un an, et mon père lui-même crevait d'ennui dans la maison familiale désormais presque vide. Aussi s'était-il décidé un beau matin à vendre celle-ci, la laissant volontiers derrière lui, un peu à la manière du serpent qui, achevant sa mue, abandonne à présent son vieux costume. N'eût été du rachat de la maison par mon frère Jean-Luc, nous n'aurions plus jamais remis les pieds dans cet endroit qui nous avait vus grandir, rire, souffrir et aimer pour la première fois. La nuit, à l'hôpital, je consacrais mes insomnies à l'observation minutieuse des fenêtres de cet immeuble voisin où papa avait habité brièvement. J'y cherchais une clarté, je n'y voyais jamais que des ombres, rien que des ombres. Le ciel lui-même, pourtant troué d'étoiles, tendu au-dessus de cette impossible demeure, ne me renvoyait aucune lueur. Ma mère avait été l'incarnation du jour, de la lumière et de la musique de la terre. Papa demeurait l'image même de l'ombre, de la nuit et du silence. Quelque part sous la terre du petit cimetière que je traversais jadis en rentrant de l'école, mon père dort aujourd'hui, gardant jalousement en sa nuit le secret de ce qu'il fut réellement en ce monde.

Je ne l'appelais pas, ne lui demandais jamais de me faire un signe. Je n'attendais pas de lui qu'il fasse bouger le rideau de la chambre. Mais j'aimais me souvenir de lui. Son obstination à ne jamais enlever la neige sur le toit de sa voiture, l'immense iceberg qu'il trimbalait ainsi dans les rues du quartier. Sa lubie démente pour les trucs techniques : à la maison, les modifications qu'il apportait à tout système électrique, notre incapacité à comprendre par la suite le fonctionnement du moindre grille-pain. Sa passion pour la musique, sa participation, pendant près de cinquante ans, aux chorales d'églises. Son incompétence absolue pour l'introspection, la psychologie. Son étonnante incompréhension des lois rudimentaires de la relation humaine. Sa solitude foncière, peut-être à cause de cela. Son increvable honnêteté, sa loyauté, son sens du devoir. Sa fausse humilité. Son absence de goût vestimentaire, provoquant à tout coup notre inextinguible hilarité. Son complexe d'infériorité pour n'avoir pas fait d'études, ses efforts constants et un peu vains pour réparer cela. Sa bonté. Sa gentillesse, de loin supérieure à celle de la moyenne des gens : tout le monde aimait mon père. Mais son austérité avec nous, ses principes débiles puis, vers la fin, ses remords et sa tendresse maladroite. Son admiration pour nous, sa fierté d'avoir engendré une clique de génies pareils. Un jour, quelques mois avant sa mort, il m'a téléphoné pour me dire ce que je n'avais jamais entendu de lui jusque-là, c'est-à-dire en quarante-trois ans : « Je t'aime. » Mais je sentais bien, je savais qu'il était trop tard.

Puis il est tombé malade. Un soir d'automne, assis sur le bord de son lit, j'ai longuement discuté avec lui de choses et d'autres, et surtout de l'hiver qui, déjà, frappait à nos portes. Cette année-là, la saison froide est venue plus tôt que prévu :

deux jours après notre conversation, mon père est mort. J'avais cru un moment que l'automne allait rester, que les feuilles refuseraient, pour une fois, de descendre des branches pour se mêler à la terre. Mais voici qu'à l'heure précise où papa est mort, la première neige tombait sur le petit village où, quelques années plus tôt, Manon et moi avions choisi d'habiter. J'aurais aimé que sa mort patiente encore un peu, qu'elle vienne sous le ciel de l'été et que mon père vive ses dernières heures chez moi. Dans les terriers, les renards auraient cessé un instant leurs jeux. Puis ils seraient sortis, la nuit se serait posée sur leurs museaux noirs, et les étoiles tombées sur leur dos auraient allumé des feux dans les champs. Partout autour, des lucioles auraient promené leur faible lampe, comme des aurores que nous aurions attendues, le cœur plein d'espoir. Ses derniers regards auraient été pour ces choses-là. Oui, j'aurais aimé un peu de lumière autour de papa. Peut-être alors ne serais-je plus, encore à présent, à fouiller la nuit à la recherche de quelque trace de lui. Dans les jours ayant suivi sa mort, la montagne derrière chez nous est restée silencieuse. La chienne mangeait peu. J'ai retrouvé dans une boîte mon vieil harmonica. La chanson que j'en ai tirée ne remuait que des chagrins. Désormais, toutes tâches humaines faisaient silence sur le corps de mon père.

Le jour de l'inhumation, nous avons creusé le sol où reposait ma mère afin de déposer à ses côtés les cendres de papa. Au fond de ce trou, mêlée à la terre, l'urne de maman était comme assise, son occupante attendant peut-être, paisiblement, ce moment des retrouvailles. Tout était calme, et le ciel, immobile. L'air était froid, aucun oiseau ne le traversait, la terre elle-même se figeait déjà. Mais au-dedans de nous brûlait un été, et c'est cet été de nos cœurs que nous avons enseveli à la fin auprès de nos parents à jamais disparus. Après que tous se furent dispersés, j'ai songé pour la première fois que nous étions à présent orphelins. Il nous faudrait désormais ne compter que sur nous-mêmes. Bien sûr nous y arriverions, mais à partir de maintenant quelque chose nous manquerait cruellement. J'ai mis beaucoup de temps à comprendre la nature véritable de ce manque. Je l'ai longtemps comparé à l'amputation d'un membre, puis j'ai éprouvé dans mon propre corps la blessure de la mutilation et j'ai su que la perte de mon père et de ma mère n'avait que peu à voir avec cela. Je remercie sans cesse l'espèce de hasard ordonné qui me fait devenir chaque jour un peu plus écrivain et me permet donc de recouvrir les choses de l'exact manteau des mots. Aussi sans doute puis-je nommer aujourd'hui avec davantage de précision la privation sans appel que représente la mort de mes parents. Il y a dans cette mise en terre de la chair qui nous inventa bien plus qu'une ablation : il y a la négation de notre propre commencement, autrement dit le rappel brutal de notre appartenance au néant. En devenant orphelins, nous devenions donc fils et fille de la mort, et peut-être la tristesse tranquille qui parfois vient se mêler à nos rires s'abreuve-t-elle à cette eau trouble. Je ne songeais certainement pas à ces choses lorsque j'ai jeté la première poignée de terre sur le corps de mes parents devenus poussière. Le souvenir de leurs visages, le son de leurs voix, l'assemblage fin de leurs gestes m'emplissaient alors tout entier. Tout cela vivait encore, et vit encore à présent d'une certaine façon, mais d'une vie dont je suis en quelque sorte le réparateur. Car il me semble que le souvenir non seulement se repaît des objets taillés autrefois par la main, le cœur et l'esprit des aimés, mais en restaure même la substance et l'éclat perdus depuis leur disparition. Ainsi ce n'est plus tant le visage de ma mère ou la voix de mon père qui me reviennent en mémoire, mais le sentiment que ce visage et cette voix ont laissé en moi comme un repère.

Nous sommes allés, quelques semaines plus tard, assister à un récital à l'église où papa avait chanté pendant plus de trente-cinq années. C'était un récital d'orgue, ce qui à la vérité nous barbait tous un peu, mais nous tenions d'autant plus à y être que mon père avait lui-même projeté d'y assister. C'est avec une émotion non dissimulée que nous avons pris place tous les six sur les bancs de bois : nous allions ce soir-là, dans une sorte d'accord implicite et nécessaire, être les oreilles de papa, et aussi son cœur. Car la musique pour orgue avait été pour lui l'équivalent d'un passeport qu'il emportait toujours sous sa veste comme pour se rapprocher, au besoin, d'une âme dont l'abord, aurait-on dit, lui était en toute autre circonstance refusé. À la maison familiale, chaque dimanche résonnait des disques sur lesquels était gravée la détonation tantôt flûtée, tantôt offensive d'une légion de tuyaux. Papa, le front haut, s'entêtait à nous faire écouter cela, croyant peut-être ainsi délier notre culture musicale. Nous voulions fuir, cependant nous restions : peut-être sentions-nous confusément en ces moments la seule manifestation véritable de sa vie intérieure. Un jour qu'il m'avait réquisitionné pour l'écoute d'un de ses disques préférés, je lui avais demandé avec beaucoup de naïveté ce qu'il trouvait de si beau dans cette musique. Sa réponse, spontanée, émue et dénuée des falsifications habituelles que lui prescrivait son esprit, me fit entrevoir pour la première fois le contenu de cette âme qu'il aurait voulue en lui plus carrossable. L'œil humide, esquissant un sourire d'une jeunesse glorieuse, il me dit alors : « C'est un bouquet de fleurs. » J'avais fait mouche. À treize ans, je venais de découvrir une partie – oh, une partie seulement – du continent immense enfoui sous la calotte de lois et de décrets qu'il s'était forgée au fil du temps. Mon père était le Groënland. Non pas qu'il fût froid : tous s'accordaient à lui trouver un certain charme sympathique. Simplement, à sa surface régnait quelque chose de cristallisé, c'était une terre peu habitable, dont le climat difficile ne favorisait pas un long établissement. En revanche, sous ce pays en vivait un autre, toujours subordonné, mais que la musique faisait s'épanouir en un jardin que nous soupçonnions à peine. C'est ce jardin, je pense, que nous voulions visiter pour de bon en entrant dans l'église le jour du récital. Pendant deux heures ce soir-là, j'ai imaginé papa, assis auprès de nous sur le banc de bois, ses yeux fermés comme pour mieux goûter chacune des notes exprimées de l'orgue à tuyaux, ce monstre soufflant et haletant qui nous avait affolés un peu mais qui lui avait fait vivre tant d'émotions. Je n'ai jamais pu m'empêcher de croire que ce n'est qu'à la fin de ce récital que mon père nous a quittés réellement, tandis que nous reprenions, chacun de notre côté, le chemin menant à ceux qui nous aimaient.

Pendant des années, deux soirs par semaine et le samedi, papa avait occupé, en plus de son travail habituel de jour, le poste de projectionniste pour le compte d'un obscur cinéma de quartier non loin de chez nous. Nous étions les jeunes clients très intéressés de cet antre douteux. Les samedis après-midi, nous y déboulions en une bande compacte, nous empiffrant d'images et de quantité de bonbons que nos estomacs encore neufs broyaient sans difficulté. Je ne sais si mes frères et ma sœur ressentaient la même fierté, la même bête suffisance que moi : parmi la foule des spectateurs venus s'entasser pour le dernier film à la mode, je me sentais le seigneur de ces lieux. Mon père *travaillait ici*. Cette seule sentence n'admettait pas de réplique. Après tout, n'étions-nous pas entrés tout à l'heure sans payer ? À la caisse, il suffisait en effet de prononcer ces mots : « Mon père travaille ici », pour que les portes d'un empire s'ouvrent devant nous. Comment décrire cette allégresse montant en soi à l'instant où, sans avoir allongé le moindre billet vert, le tourniquet se déverrouille pour vous laisser passer ? Je ne crois pas avoir rien vécu d'aussi vertigineux jusqu'à mon premier baiser, quelque temps après.

Mais la grande salle du parterre, quoique comparable pour moi à un bateau de fête, n'était encore rien. C'est là-haut, dans la petite pièce réservée au projectionniste et à sa

La Fabrication de l'aube

machinerie, où papa nous autorisait parfois à monter, que les premiers vrais mouvements de mon imagination se sont manifestés. C'est là, vissé sur l'énorme chaise au cuir fatigué, les yeux écarquillés d'émerveillement, que non seulement j'ai découvert pour vrai le cinéma, mais que j'ai senti pour la première fois se mettre en branle les engrenages de mon cerveau d'artiste. À huit ans, ce que j'avais toujours cherché sans le savoir m'était enfin accordé. Mieux que la télévision, trop petite, trop figée, trop en noir et blanc, le cinéma me dévoilait alors un monde à la mesure de mon esprit peu rassasié par le réel : celui de la vie plus grande que nature, de la réalité enfin engrossée et, qui plus est, par une technologie conçue pour les affamés de mon espèce. Car je me représentais le projecteur planté à mes côtés comme le cœur d'un organisme – dont j'étais moi-même un élément, boulon ou courroie d'entraînement – déballant sur le monde, par son gros œil, son rêve grandiose. De ce dragon sublime sortait le même rêve démesuré et chimérique que j'avais, confusément, préparé en moi-même depuis mon débarquement dans le monde.

Je revenais de ces équipées comme on rentre d'un périple dans l'espace interplanétaire : à la maison, j'étais tout à coup surpris de la qualité de l'air, du monde soudainement soumis aux lois de la pesanteur. Mais je ne voulais pas que cesse mon voyage. J'ouvrais le banc longiligne et creux qui nous servait de chaise commune à l'heure des repas. J'y puisais les feuilles de papier déjà utilisées, stockées là par ma mère, et j'entamais avec ardeur l'interprétation illustrée de ce que je venais de voir au Cinéma Viau. Ces séances de dessin hallucinées et boulimiques, auxquelles se joignaient presque toujours ma sœur et, parfois aussi, mes frères Jean-Luc et Benoît, révélaient déjà un esprit romanesque : je plantais là les bases de ce qu'allait être, des années plus tard, l'essentiel de mon travail d'écrivain. J'ai conservé peu de ces premières œuvres de papier.

Mais des archéologues exhumant quelques-unes seulement de mes images créées en ce temps-là y retrouveraient tous les thèmes développés ultérieurement dans mes romans : l'enfance perdue, l'amitié réparatrice, l'amour souverain, le corps rêveur, les chiens, la famille, la mort, l'humour comme ficelant tout cela. La vie, belle et laide, violente et pleine de grâce. Ainsi la frénésie du dessin, qui en se précisant et s'affinant devait me mener à la fièvre de l'écriture, me fut insufflée, bien involontairement, par mon père. Je n'ai jamais cessé de m'étonner de l'ironie de cela. Papa était si peu habile à transmettre le contenu de son cœur et de sa pensée ! Que les mots, la parole, soient devenus si importants dans ma vie grâce à lui témoigne avec éloquence de la conduite souvent si déroutante du sort.

À l'hôpital, le regard perdu sur le grand écran de la nuit, je songeais à ces choses. Plus tard l'aube venait, le soleil envoyait sur le monde ses premières flèches. Puis le ciel tournait sur ses gonds, et tout à coup c'était le jour. La douleur peu à peu regagnait mes membres, éveillée par je ne sais quel sonneur. Une journée allait passer. Mais je savais que le soir suivant, ou celui d'après, mes yeux fouilleraient encore les ténèbres. Pourquoi certains chagrins semblent-ils ne jamais devoir s'éteindre ?

Je rêvais souvent. C'étaient presque toujours des rêves ayant trait à ma famille, et qui me transportaient dans un passé lointain. Je revoyais en songe mes parents, mes frères, ma sœur, du temps de leur jeunesse. Ici, j'étais dans la maison de mes parents. Là, dans la cour de l'école que j'ai fréquentée autrefois, près du petit cimetière. J'ai reconnu une fois la forêt qui avait abrité tant de mes jeux d'enfant. Ainsi, à la faveur de la nuit et par l'entremise du sommeil, l'histoire ancienne revivait en moi. Quel était ce cinéma aux images d'une précision si effarante ? J'ai revécu par l'hallucination méditative du songe l'épisode inoubliable de ma sœur Christiane me transportant plutôt tardivement, à l'âge de cinq ou six ans, à bord de la plus que vénérable poussette qui nous avait tous véhiculés dans nos premières années. L'événement avait été mémorable en ce que j'avais, en cours de promenade, défoncé par mon poids les amortisseurs et déclenché aussitôt chez ma sœur un rire gigantesque dont l'écho se fait encore entendre chaque fois que nous évoquons cet incident. Une autre nuit, j'ai vu en rêve tomber sur ma sœur encore le décor d'une pièce de théâtre montée par elle dans notre cour avec beaucoup de sérieux, provoquant cette fois-ci la jubilation extraordinaire de mes frères et de moi-même, recrutés une heure auparavant et bien malgré nous comme spectateurs. Bien sûr, toutes ces images me parvenaient accompagnées de l'habituelle incohérence de l'inconscient. Elles n'en demeuraient pas moins le témoignage réel d'une vie certes passée, mais enchanteresse, pénétrée d'une innocence qui nous a conduits, tous les six, jusqu'à aujourd'hui. Au fond, ces songes répétés et évoquant une époque révolue étaient en eux-mêmes de peu d'intérêt. Mais ils faisaient que, à mon réveil, des pans entiers de mon histoire remontaient à la surface de ma mémoire. Cela me permettait, de façon totalement inattendue dans les circonstances, de revenir virtuellement en un lieu où le bonheur avait été intense, étincelant et avantageusement imparfait. Tout en assistant mentalement, si je puis dire, à ce spectacle émouvant, j'avais le sentiment que s'illustrait là la cessation symbolique d'une saison de ma vie. Une rupture s'opérait en moi, que tout mon être s'acharnait, nuit après nuit, à littéralement me faire voir. J'ai compris bien plus tard qu'avec l'expérience de la maladie de cet été 2004 se terminait en effet une partie de mon existence. Dorénavant, il y aurait, comme on dit, un *avant* et un *après*. En me transformant de la sorte chaque nuit en une étonnante fabrique à images, le corps lui-même avait-il pressenti cela ? Il semblait me prévenir : « Tu ne seras désormais plus le même, et c'est une autre vie que tu vivras bientôt. Voici donc l'occasion pour toi de revoir une dernière fois avec précision ce que tu étais, ce qui te façonnait, ce qui, dans cette vie naissante qui t'attend, te servira de matériau initial. » À moins que toute cette production d'images heureuses ne fût l'expression d'un instinct de survie : à l'heure où la suite même de mon existence suscitait les plus vives inquiétudes, quelque chose en moi se soulevait, me rappelant à la vie par la voie de ce que je compte de plus cher : mes proches.

La Fabrication de l'aube

Un matin très tôt, au terme d'une nuit envahie de songes, j'ai ouvert les yeux. Mais pendant longtemps, et bien que je fusse à ce moment parfaitement éveillé, mon rêve s'est poursuivi. Peut-être ne voulait-il plus s'éteindre. Ce fut un moment étrange, où l'inconscient, aurait-on dit, s'autorisait une avancée sur une province qui ordinairement ne lui est pas consentie. Je reprenais ainsi consciemment, à l'endroit même où il s'était interrompu tout à l'heure, le petit film s'étant déroulé tandis que je dormais. J'étais en somme l'objet d'un curieux phénomène de rénovation : en moi se jouait, en direct, le théâtre de la conversion du songe en souvenir. Mon petit frère Benoît, le plus jeune d'entre nous, était au centre de cette imagerie. Je le revoyais sur la plage d'un lac de l'Outaouais où mes parents avaient loué, le temps d'un été, le chalet où j'ai vécu quelques-unes de mes joies les plus retentissantes. À l'époque, la plupart d'entre nous se préparaient à entrer dans l'adolescence. Benoît, cependant, débarqué parmi nous quelques années en retard, traînassait encore avec beaucoup de crédulité dans l'enfance. Ce garçon, en ce temps-là robuste mais candide, blondinet et criblé de rousseur, à l'esprit impressionnable et à l'émotivité aussi explosive qu'un baril de poudre, représentait pour nous une cible de choix. Une nuit, profitant de son sommeil toujours de plomb, nous sommes descendus sur la plage et, saisissant nos pelles, nous avons creusé le sable comme des furieux, nos trous imitant à merveille les traces du monstre du Loch Ness. J'ai dans mes papiers une photographie de Benoît penché, le sourcil froncé, sur les empreintes laissées la veille par le mythique saurien. Chaque fois que je la regarde, non seulement je pisse de rire, mais je nous revois sur le quai, les pieds dans l'eau, échafaudant ce matin-là pour notre petit frère la fable évidemment assortie à l'épouvantable découverte. Puis je revois Benoît, tremblant un peu dans son maillot, se frottant le menton et scrutant l'horizon, apercevant avec effroi dans chaque vague le dos bombé du monstre. « Euh... et ça se nourrit de quoi ? » nous demandait-il, le front barré. Graves comme des curés, nous répondions en chœur : « De gens ! » À ces paroles, Benoît, tremblant de tous ses os, s'enfuyait retrouver ma mère dans le chalet. C'était pour nous, restés sur le quai à nous taper les cuisses, un moment de parfaite exultation.

Mais quel était ce pont, jeté entre le sommeil et l'état de veille, ramenant à la réalité de tels souvenirs ? J'éprouve souvent cela quand j'écris. Je suis comme entre deux mondes. Je cherche les mots : je réfléchis, j'entre en moi-même, m'abritant au milieu de moi sous d'innombrables porches en attendant que cesse une pluie morne et sans fraîcheur. Je frappe aux portes, on ne m'ouvre guère. Des injures, même, fusent ici et là : on ne veut pas de moi dans ce patelin. J'entends des ronflements derrière les murs : les mots dorment. Je renonce alors, cesse ma rêverie et m'en vais faire un tour. C'est habituellement à ce moment que les mots arrivent, comme franchissant inopinément quelque passerelle secrète. Ce qui, un quart d'heure avant, était encore irréel, théorique, rêvé, se hisse à présent jusqu'à l'existence. Je reviens alors à mon ordinateur, je note, je note. J'écris, j'écris, parfois durant des heures. Puis cela se tarit. J'inscris à la fin de la dernière phrase en lettres rouges : *à suivre*. Le lendemain verra se répéter la même séquence d'événements ordonnés. Je jette ainsi sur le papier l'équivalent d'une page par jour, rarement deux, sous le coup non pas d'une grâce mais de quelque chose qui ressemble à un envoûtement : un sorcier vaudou, en quelque partie du monde, prononce sans doute d'obscures incantations à mon endroit, me forçant au travail, court-circuitant pendant un moment ma vocation naturelle pour la contemplation, l'inertie. À moins que cette sorcellerie ne soit que ma petite fabrication personnelle. Je soupçonne parfois la présence en moi d'une sorte de passeur clandestin. Lorsque je suis endormi, lorsque je suis distrait, lorsque je sarcle la terre de mon potager, le voici qui s'active et libère de leurs territoires occupés des peuplades entières de paroles trop longtemps retenues, toute une société d'images lassées, à la fin, de n'être que des songes. Ce serait ce même passeur qui, de mon lit d'hôpital, assurait le passage de mon rêve à la réalité.

J'avais avec ma sœur une affinité rare : nous étions tous les deux des filles. Parce que Christiane avait tant souhaité, en vain, que ma mère cesse un peu d'accoucher de garçons, je fus la sœur de ma sœur. Cet accord tacite, passé aux heures victorieuses de l'enfance, fit immédiatement de nous les artisans d'une collusion qui dure encore quelque quarante ans plus tard. Qui décida de cela ? Ni l'un ni l'autre, mais quelque chose formant presque une troisième personne, un monarque siégeant au milieu de nous et réconciliant par son autorité nos deux genres opposés. J'étais assurément proche de mes frères. Mais j'étais inclus dans ma sœur, comme l'eau est délibérément captive de la neige. Mais peut-être la neige n'est-elle pas l'image parfaite pour parler de cette époque dans laquelle nous avons tous les deux longtemps flâné. L'extrême jeunesse nous avait happés puis, même si nous nous savions confusément menacés par les années qui passaient, une sorte d'arrière-saison s'était longuement attardée sur nos pas : nous avons mis beaucoup de temps à nous éloigner de l'enfance. De mon lit d'hôpital, je voyais la nuit s'avancer, armée. Je téléphonais alors à Christiane, vrillé par la peur ou anéanti par la tristesse. J'étais sans logis, exposé à tous les vents sous une étoile froide. Lentement, les mots de ma sœur jetaient sur mon désarroi un habit neuf. Je m'en couvrais la tête, les épaules et les mains, j'étais sauvé, cette nuit pouvait venir. Depuis toujours nichait au centre de ma sœur un renard supérieur : voici que l'hiver s'engouffrait chez moi mais qu'à nouveau le souffle d'un museau, le feu roux de quatre pattes jointes comme pour un recueillement me réchauffait de sa prière. Mon avenir étant par moments trop improbable, j'allais souvent puiser dans le passé lointain. Cela me nourrissait généralement d'une sorte de matière vitale, assez fortifiante pour entretenir mon désir parfois chancelant de continuer la lutte. C'est que je ne déambulais jamais très longtemps dans ces sentiers de ma mémoire sans y rencontrer celle qui fut, dans une large mesure, l'architecte de mes très jeunes années : ma sœur, dont je fus très tôt, à travers nos jeux et nos sornettes, tout à la fois le confident, l'allié, le souffre-douleur, le joueur de tours officiel et le dictateur. Car au-delà de cette connivence d'enfants s'aménageait déjà, sans doute même à notre insu, l'espèce de socle sur lequel sont assises aujourd'hui plus de quatre décennies d'un attachement mutuel, particulier et indestructible. C'est une chose magnifique que de sentir persister en soi-même, malgré le temps qui fuit, ce lien dont la seule matrice fut la jeunesse. Pourtant j'aurais vite vieilli : en un sens j'aimais la perspective de mûrir et j'étais impatient de saisir le monde du haut de l'observatoire des années. Mais parce que je grandissais aux côtés de Christiane, cette ambition fut vite interrompue : ma sœur m'a appris à être jeune. Par la contagion d'une fièvre directrice retenue en elle, j'avais senti rapidement se fixer en moi ce même ciel très haut dont je percevais chez elle les clartés. C'est à cette jeunesse qu'elle me rappelait lorsque, le corps et l'âme défaits, je lui téléphonais le soir. Je ne parle pas ici de la jeunesse liguée contre les époques lui succédant, mais plutôt de cette forme de vivacité que le corps endigue et dont il instruit l'âme aux heures les plus sombres de la nuit. Dans l'Égypte ancienne, l'équinoxe du printemps était considéré comme le moment le plus important de l'année, celui où l'ardeur renouvelée du soleil rejoint, puis devance la puissance des ténèbres. Autrefois, dans mes dessins d'enfant, j'ai très souvent représenté ma sœur comiquement affublée d'une coiffe de pharaon, au milieu d'un décor rappelant un palais ou quelque pyramide. Peut-être faudrait-il voir dans ces premières formes de récits une intuition très forte de ce qu'allait incarner Christiane dans mon existence : un équinoxe, le symbole vivant d'une obscurité sans cesse surmontée. Au moment même où j'écris cela, le printemps revient peu à peu sur la campagne environnante. Le ciel, enfin, réitère au monde le serment de sa victoire lumineuse. Je voudrais qu'il y ait un dieu qui m'entende et me réponde : « Ma sœur fut-elle complice de ce miracle ponctuel ? »

C'est Christiane qui habite aujourd'hui la maison de mes parents. Je suis souvent tenté de dépasser la série de hasards qui ont mené à cela, puis d'y apposer un sens plus élevé. Et si cette demeure était l'autre sœur inséparable de ma sœur ? J'ai toujours vu les maisons moins comme des abris que comme des accords conclus avec la terre : en elles repose l'assurance d'un certain enracinement nécessaire à nos âmes, ces habitantes agitées de cette autre maison, mais trop exiguë, qu'est le corps. Ma sœur avait été une plante déterrée. Peut-être son retour à la maison familiale lui redonnait-il ce que les chagrins, les accidents du temps et la fourberie des événements lui avaient ôté d'ancrage. Peut-être quelque chose d'ancien se produisait-il à présent entre cette maison et elle, qui n'était pas étranger à ce qui s'était passé entre nous deux, quarante ans plus tôt : une filiation nouvelle s'établissait-elle, qui dépassait les seules racines communes ? Je sais en tout cas qu'un cœur indemne et fixé à la terre, le cœur d'une famille tout entière, battait encore entre les murs de cette construction humaine moins faite de bois et de brique que de la matière de notre affection profonde les uns pour les autres. Je crois aujourd'hui que cette maison est le septième membre de notre famille, la seconde sœur que je n'ai jamais eue, l'autre sœur de ma sœur. Christiane ressent-elle cela aussi? Je l'imagine parfois, les soirs de chagrin, confier sa peine aux murs de cette maison imprégnée du bonheur de six enfances chatoyantes. J'aime croire qu'elle s'endort recouverte de cet habit-là.

Certains de ceux qui s'intéressent au métier d'écrivain me demandent à l'occasion si j'éprouve quelque détresse devant le vide d'une page blanche. Je ne connais pas ce sentiment, puisqu'à ma table de travail je ne suis jamais devant le vide, mais plutôt face à un roc nu, duquel je dois extraire une forme. Le vrai défi est d'insuffler la vie à cette sculpture de mots, c'est-à-dire de lui léguer une vérité telle que le cœur, l'esprit et le corps reconnaissent en elle le mouvement même de leur propre vertige. Ce que je ressens sur le seuil d'une nouvelle phrase tient donc davantage du tournis, de ce trouble un peu houleux annonçant une ébriété éphémère et toujours imparfaite. C'est en ce sens que l'écriture est un acte de jeunesse. Peu importe leur âge, les gens jeunes font cela aussi: insatisfaits, puis grisés par une sève superbe, ils creusent une pierre. Ils y trouvent parfois ce qu'ils réclamaient: un ciel jusque-là emmuré, à la fin délivré de ses chaînes. Ma sœur, quand de mon lit je lui téléphonais le soir, me réapprenait à faire avouer à la pierre son secret. Elle me réapprenait du même coup à écrire, c'est-à-dire qu'elle me rétablissait dans la jeunesse. Je lui dois beaucoup: sans elle, je n'aurais peut-être plus écrit, j'aurais laissé à leur silence toutes les pierres du monde, et tous les mondes enclavés dans la pierre dormiraient encore sous leur ciel minéral.

Durant les jours où j'étais encore à demi inconscient, on accordait à mes frères, à ma sœur et à ma femme de passer à l'occasion quelques moments à mon chevet. Tous m'ont murmuré à l'oreille des mots que le cœur seulement peut former en pareilles circonstances. Tous m'ont tenu la main, caressé l'épaule. J'ouvrais alors les yeux. Enfermé dans un sarcophage de brouillards et de lenteurs, j'observais mollement pendant quelques secondes ces visages familiers penchés sur le mien. Je les reconnaissais. Je voulais les toucher, mes mains ne le pouvaient plus. Je voulais répondre à leur prière, les mots m'avaient quitté. L'amour même ne me servait à rien : je le sentais en moi, mais des liens le retenaient, comme à fond de cale. Oui, c'était un bateau qui m'emportait ainsi ou, plutôt, j'étais moi-même ce bateau dont la coque blessée menaçait de se rompre, en même temps que de rompre le monde lui-même. Je ne crois pas avoir vécu d'expérience plus étrange que celle-là. J'observais le monde par le hublot d'un vaisseau en perdition, et le monde sombrait aussi. Ainsi j'entraînais la vie tout entière dans mon naufrage. C'est en cela qu'on peut dire à quel point j'ai côtoyé de près la mort. Car celle-ci organise dans l'âme cette espèce de conviction illusoire que tout cesse avec nous et fait en sorte que nous mêlons notre fin à celle de toutes choses. Rien n'est plus difficile à concevoir que cette idée que la réalité nous survivra. Aussi la mort, pour nous enrôler, fait-elle preuve de ruse : elle répand en nous ce sentiment de dénouement extrême, presque de couronnement, afin, peut-être, de faciliter nos adieux. Pourquoi tant s'attrister, en effet, de quitter un univers qui mourra tout à l'heure avec nous ? Mais il manque le plus important à cette machination : l'amour des autres, qui parvient au mourant comme le désaveu de l'évanouissement du monde et qui ainsi retient encore un peu ce mourant de quitter la terre. Ceux que j'aimais venaient chaque jour toucher ma main, et cela suffisait à retarder d'une heure ma disparition. Ils venaient, mais sans cesse le sommeil refermait sur moi et devant eux son couvercle de plomb. Coupé des miens, j'étais évincé de ma propre existence. Avec cette dépossession venait une autre mort : les mots me quittaient. Eux partis, j'étais seul, brisé par un silence dont je n'avais pas soupçonné qu'il puisse forcer aussi cruellement la forteresse du corps.

Cette expérience, dont le silence sinistrement détrousseur était le centre, m'a confirmé dans le métier d'écrivain. Depuis une vingtaine d'années j'écrivais, répondant à un mouvement intérieur apparenté à la pression tellurique ébranlant certains sols. J'étais poussé plus que pousseur. Mais voici qu'une force nouvelle m'encourageait à reprendre au silence ce qu'il me subtilisait, ce qu'il me subtilise encore chaque jour. Les mots me fuyaient ? Je les appellerais donc. Mieux : je les soumettrais. C'est ainsi, je crois, que l'on s'engage le plus ouvertement dans la carrière artistique : en se faisant le despote d'un certain silence, d'une certaine solitude. Mais, bien sûr, les mots ne se laissent pas si facilement assujettir. J'ai évoqué, déjà, leur jaillissement souvent si déroutant. J'apprends tous les jours non pas à combattre les résistances de cette altesse tyrannique qu'est la parole écrite, mais plutôt à me ranger à ses côtés, puis, subtilement, à la faire se courber. Le temps m'aura enseigné ces choses. Mon frère Pierre m'a dit une fois : « Je nous revois encore, toi et moi, garnements querelleurs, jouant avec nos autos miniatures dans la cour de la maison familiale. Est-ce bien toi, est-ce le même homme qui, aujourd'hui, écrit tous ces livres ? » C'était bien sûr le même homme. Que s'était-il passé qui étonnait tant mon grand frère ? Trente ans, surtout. Il me semble que, plus que les gens, plus que le travail, plus que les écoles, c'est le temps qui nous invente. D'aussi loin que je me souvienne, j'ai été un mauvais élève. Ce n'était pas que je fusse turbulent, ou cancre, ou totalement indifférent. Mais les cours, les leçons telles qu'on me les donnait à l'école me plongeaient dans un ennui profond. Sitôt terminés les petits travaux que l'on exigeait de moi, je rangeais mes cahiers et sombrais dans une puissante rêverie. Sans doute ai-je dès cette époque ensemencé le grand arbre imaginaire auquel je grimpe, depuis, chaque fois que je fabrique un roman ou un conte pour enfants. Mais je demeure persuadé que mon passage à l'école (et au collège, et à l'université) ne s'est pas imposé comme l'expérience la plus formatrice de ce que je suis devenu. Les emplois que j'ai occupés n'ont jamais non plus joué ce rôle. Je m'y suis presque toujours astreint avec zèle, mais sans passion. Tout ce temps que j'allais donner à mes patrons, ces jours entiers échangés contre de l'argent, me paraissait une profanation auto-infligée. Qui me rendrait ces journées dont je rêvais plutôt qu'elles se déplient devant moi à l'ombre d'un sous-bois, au creux d'une chaloupe placide ou sur les chemins de quelque campagne ? Oui, bien plus que le travail, que l'école, que les amis même, le temps fut au centre de mes apprentissages. Pour le reste, j'avais une nature trop portée à l'absorption en des choses vaines aux yeux des sociétés : le ciel, les collines, les sentiers ombreux étaient pour moi une sorte de banquet où je calmais l'essentiel de mes appétits.

Mais qu'est-ce qu'un ciel, une colline, un sentier ? Le résultat, la déduction du temps qui passe. Ainsi, c'est le temps, le temps surtout, qui fut mon maître le plus exigeant, le plus habile, celui qui aura le plus fortement imprimé son sceau sur mon cœur et mon esprit. Celui, aussi, qui aura le premier, par l'espèce de langage codé qu'il emporte sur ses flancs, induit en moi le caractère sacré de la parole. C'est cette école que j'ai préférée, peut-être parce qu'elle était plus libre, mais surtout parce que j'ai senti très tôt quelque chose d'infiniment plus instructif dans le phénomène du temps qui passe. Bien sûr je trouvais injuste ce phénomène, qui dans une sorte de marché de dupes me proposait d'échanger sa science contre mes années. Mais j'apprenais tant de lui que j'en venais à accepter aisément de payer le prix qui m'était demandé en retour : vieillir n'a jamais été pour moi un poids, parce que je savais qu'en me rapprochant de la mort naturelle j'avançais vers cette forme d'éclairage que m'avait fait entrevoir la beauté des choses. En somme, j'apprenais à vivre, ce qui signifiait également que je me pénétrais du métier d'écrivain, puisque je ne concevais pas que l'écriture puisse s'animer d'une autre vie que celle que je sentais se former chaque jour davantage en moi-même. J'avais rêvé d'écrire de grands livres populaires, de pur divertissement : romans d'aventures, d'espionnage, sagas historiques ou familiales, récits de voyages, feuilletons incroyables de rebondissements. Mais ma main, mon esprit, tout en moi me le refusait. Je débarquais sans cesse chez mes éditeurs avec des manuscrits dans lesquels j'avais fait vivre, et souvent fait mourir, des gens dont l'existence était moins constituée d'événements extraordinaires que d'émotions senties, de malheurs et de bonheurs pas du tout spectaculaires mais toujours importants pour l'âme, des gens dont le corps, comme exprimant une réalité qu'il ne veut plus cacher, était toujours la représentation d'une vie intérieure à la fois dense, grave, rieuse et délicate. Dans *Garage Molinari*, ce roman que

La Fabrication de l'aube 65

j'ai écrit en tremblant parce qu'au même moment se précisait la mort annoncée de ma mère, le corps des deux personnages principaux, Joëlle et Jérôme, n'est guère dépeint. En revanche, leurs gestes, leurs pensées, les mouvements de leur cœur le sont abondamment. Tout se passe comme si le corps n'était pas utile, et que seule comptait l'expression de ce corps. En réalité, le corps de Joëlle, comme celui de Jérôme, se mêle à ses gestes, à ses pensées, à ses mots, pour ne plus former qu'un tout et n'être plus au service que de sa vie intérieure, invisible mais si tangible que sans elle l'enveloppe charnelle n'a plus sa raison d'être. Cette façon dont j'ai décrit autrefois les personnages de *Garage Molinari* s'apparente curieusement à la conception nouvelle que j'ai du travail de l'écrivain. Oui, il faut soumettre les mots, c'est-à-dire en extraire une sorte de vie intérieure afin, peut-être, de dépasser la réalité qu'ils veulent décrire et qui est en somme leur corps.

Un jour, il y a très longtemps, bien avant qu'il ne commence à fréquenter l'école, mon petit frère Benoît s'est mis en tête d'apprendre à écrire son prénom. Nous avions beau lui enjoindre de reproduire fidèlement les lettres inscrites par nous sur le papier, rien n'y faisait. Cela donnait toujours, sortis de sa main manifestement possédée par quelque esprit contestataire, les mots les plus bizarres. Portés depuis trente-cinq ans par notre rire, deux d'entre eux auront survécu au temps et au massacre : *ébep-h3* et *ébam*. Un code semble près d'affleurer de cela. Peut-être en effet mon frère, à l'âge de cinq ans, était-il déjà formé à une réalité que nous ne soupçonnions pas. Quoi qu'il en soit, il était évident qu'il ne faisait pas la même lecture du monde que nous. Nous allions notre chemin, cartésiens sentimentaux, aguerris au mélange parfois explosif du raisonnement et de l'émotion. Benoît était d'une autre sorte d'humains. Maman me disait souvent à propos de lui : « C'est notre hypersensible. » Mais je ne me satisfaisais pas de ce constat réducteur, qui le confinait dans une catégorie d'êtres captifs de leur saisissement et qui ne rendait pas justice à son cœur comme traversé de sa propre lucidité. Récemment, Benoît m'a confié ceci : « Quand tu étais dans le coma, j'ai parlé à papa et maman. Je leur ai dit :

"Si vous voyez arriver Jean-François dans la mort, dites-lui bonjour, mais après, retournez-le parmi nous."» Ce n'était pas une prière, au sens du moins où la prière exige de son sujet une vérité presque incontestable. C'était une recherche de sens, comme on interroge les choses sur leur fonction cachée, comme on s'étonne d'un insecte pollinisateur enchaîné aux effluves d'un lys. Je ne m'attarderai pas au pouvoir de décision des morts, auquel j'ai tant de fois fait appel en vain au cours de cet été 2004. Mais je veux dire à mon frère le plus jeune que sa phrase a changé ma vie. J'ai appris d'elle que, sans s'abîmer dans les profondeurs du mysticisme, on pouvait réclamer davantage de la vie que ce à quoi elle consent d'emblée. Il me semble aujourd'hui que quelque chose vit que je ne vois pas, que quelque chose parle que je n'entends pas. Benoît admettait cela, non pas parce qu'il cédait à quelque obscurantisme, mais parce que ce cœur qui battait dans sa poitrine brillait d'un autre or que le mien. J'avais, moi aussi, appelé mes morts. Peut-être que ce que je pris pour le silence qu'ils m'opposèrent n'était pas du silence, et que tout cela fut assourdi par le bruit de mon âme. Mais je pense plutôt qu'il manquait à mon entendement un peu du métal précieux qui tapisse les cœurs purs. Qui nous dira si ma survie ne tient pas au moins un peu à ce petit entretien entre papa, maman et Benoît? Des tanks, des avions torpilleurs et des barrages puissants contrecarrent en moi cette idée. Pourtant, je ne peux me résoudre à l'écarter tout à fait. Benoît m'aura enseigné ceci : sans doute faut-il laisser béante cette brèche que je sens démonter en moi certaines artilleries.

C'est à lui que je songeais le plus souvent lorsque, après souper, rassemblant ce qui me restait de forces, je regardais sur l'appareil loué de l'hôpital les nouvelles télévisées de début de soirée. Là, le monde se démantelait sous mes yeux. Mon petit frère avait voulu, autrefois, changer tout cela. L'Afrique entre autres l'avait attiré, et pendant un moment

Benoît avait parcouru cette partie du monde, visitant çà et là les populations indigentes et s'efforçant de leur apporter un peu de réconfort. Il y avait au creux de cette main secourable le même grain qui, plus tard, fit s'ouvrir dans mon âme une lucarne. C'est que le même cœur net et inapaisé en était à l'origine. Je crois que Benoît était né comme ça : d'un arbre dont la terre avait célébré les racines, mais dont les fruits toujours insatisfaits recommençaient sans cesse leur maturation, comme on recommence une toile dont les traits traduisent mal l'émotion qui les dictait. Aussi la sensibilité exceptionnelle de mon frère lui rappelait-elle constamment l'équilibre fragile du monde, comme si l'une et l'autre étaient attachés par je ne sais quel lien fraternel délicat, à protéger. C'est ce qui m'a souvent fait supposer que le monde géographique n'était pour mon frère qu'une variante du microcosme familial. Benoît songeait-il à cela lorsqu'il s'est adressé à mes parents trépassés ? Peut-être percevait-il dans ma mort une Afrique affamée, dont l'ingratitude du sol allait se répercuter sur la terre même où marchaient, jusque-là florissants, mes frères et ma sœur. Peut-être craignait-il, par la dictature et la sécheresse qu'impose la mort, une tiers-mondisation de ce petit peuple que nous formions tous les six. Et peut-être cet appel lancé par lui à papa et à maman constituait-il l'équivalent d'une main tendue à la mort, en une tentative de convention entre les forces dévastatrices de la nature et le pouvoir de reconstruction des hommes.

Dans *Tintin au Tibet*, le moine Foudre Bénie, résident d'une lamaserie juchée dans les hauteurs du massif de Gosainthan, reconnaît en Tintin des qualités d'humaniste si élevées qu'il le surnomme bientôt Cœur Pur. Ce moine, doué de pouvoirs surnaturels, possède entre autres une étonnante habileté pour la lévitation. Surtout, des états de transe lui accordent non seulement de percevoir à distance certains événements importants, mais en outre de saisir avec un époustouflant discernement la nature profonde des gens qui en sont les acteurs. Ainsi voit-il aisément en Tintin et lui attribue-t-il ce surnom si justifié. Ce n'était pas que mon frère ressemblât à un héros de papier. Mais nul n'était besoin pour nous de don de clairvoyance ou d'aptitude particulière pour comprendre que c'était un jeune homme bon, un être que les aspérités de ce monde avaient, un peu plus que nous autres, blessé en chaque portion de lui-même. Plus j'y repense et plus cela m'apparaît clairement : *ébam, ébep-h3*... et si ces mots signifiaient Cœur Pur ?

Le dessin du NEW YORKER

« Je suis vieille. Vous avez quelque chose contre ça ? »

Même longtemps après ma guérison, j'ai éprouvé un sentiment étrange. Cela me prenait surtout quand j'étais au milieu des foules. Je me sentais bien sûr pareil à tous ces gens : nous partagions à peu près les mêmes joies, les mêmes craintes et les mêmes espoirs. Mais j'étais seul, incroyablement seul. Ce n'était plus la solitude sombre du malade séparé des hommes par la douleur. Comment bien expliquer cela ? Je me répétais cette chose simple et si débordante de sens : « J'ai survécu. » Cette seule phrase traduisait mon indéniable présence parmi mes semblables, et cependant elle m'éloignait d'eux inexorablement. J'avais été pour ainsi dire mort, j'avais vécu la mort et j'en étais revenu, j'étais là, parmi tous ces gens qui n'en savaient rien. Oui, comment traduire cela ? Comment dire simplement qu'on a foulé des territoires semblables ? Car il faut le dire. Un trouble si prenant ne peut tenir dans le cœur d'un seul homme. Je songeais au Christ : bien sûr l'homme de Nazareth n'était pas ressuscité. Néanmoins, ceux qui avaient écrit son histoire avaient choisi pour parler de lui cette image très forte d'un homme qui revient d'entre les morts. Pourquoi ? Peut-être parce qu'il est si difficile d'exprimer cette idée que la vie ne se termine pas nécessairement au moment où tout proclame sa fin. Je songeais à lui aussi parce que le Christ me semblait être la figure mythique la plus universellement proche des hommes. Selon l'histoire, cet être volontaire et somme toute fragile n'avait-il pas, au cours des dernières heures de sa vie, porté une croix, n'était-il pas tombé sous le poids de cette épreuve et, surtout, ne s'était-il pas relevé pour marcher vers une vie autre, c'est-à-dire pour mourir à lui-même et, en quelque sorte, se réincarner enfin ? J'avais toujours trouvé très belle cette succession d'images si prodigieusement conformes à l'espérance du genre humain. Voilà que ces images-là me rejoignaient, prenaient vie en moi-même, si je puis dire, au moment où je renaissais de mes propres cendres. Lorsque je suis sorti de l'hôpital, j'ai senti cela très fort. C'est un autre moi qui rentrait à la maison. Chez nous, je passais d'une pièce à l'autre, je disais pensivement : « Qui a décoré ici ? Qui a choisi ce meuble, cette lampe ? » Ma femme répondait : « Mais c'est toi ! C'est toi qui as posé ce papier peint, choisi cette couleur, cette toile au-dessus du foyer ! » Et je me disais : « Non, cet homme-là est mort. Si j'allais ce matin au petit cimetière, je verrais son nom gravé sur la stèle, et aussi cette inscription : *Il est mort à quarante-quatre ans, sous un ciel éblouissant.* Et je voyais dans les yeux de ma femme de l'étonnement, du chagrin aussi : elle savait bien que j'étais un revenant, mais elle commençait à peine à comprendre que j'étais un revenant de chair et d'os. Oui, celui que tous connaissaient n'était plus. Il leur faudrait vivre, à l'avenir, auprès de cet homme autre, encore un peu tremblant sur ses jambes, qui n'en revenait pas de poser ses pas sur la terre, de sentir le ciel déverser sur lui tout ce qu'il faut bien appeler de l'amour, tout l'amour du monde.

J'étais évidemment reconnaissant, mais il ne s'agissait plus de rendre grâce pour cette invraisemblable survie. Je ne me sentais pas à présent le devoir ni même l'envie de dire merci. À qui, à quoi aurais-je adressé mes remerciements ? À mes proches, à mes amis, aux médecins, aux infirmières ? À la science, au progrès, aux médicaments ? Mille fois je m'étais incliné devant eux. Mais au-delà du secours que tous m'avaient prodigué et dont j'étais si inimaginablement redevable, je pressentais que mon existence tenait également à une autre raison, peut-être plus élémentaire, plus originelle. Depuis mes premiers enchantements dans la salle de projection où mon père m'emmenait, j'avais cru que les prodiges n'arrivaient qu'au cinéma. Plus tard, j'ai constaté qu'ils se produisaient aussi dans les livres. Puis je les avais moi-même fait advenir dans les romans que j'écrivais. Mais voici que, même une fois le livre refermé et la chaise du projectionniste désertée, le miracle se poursuivait. Je n'avais pas d'affection particulière pour le mystère. N'était-il pas incompatible avec la vie des hommes, si imprégnée de réel ? Bien qu'elle fût presque toujours insuffisante, j'aimais cette vie-là, pleine de gaietés minuscules et d'inquiétudes familières. Mais pourquoi cette faille, cette brèche dans le cœur humain, par laquelle se faufilait parfois l'indéchiffrable ?

Un jour, peu après ma sortie, je suis allé rencontrer un prêtre. À l'hôpital, déjà, on en avait dépêché un à mon chevet. Il faudrait inscrire cet entretien-là à l'inventaire très maigre de mes rencontres les plus lamentables. Je frémis encore à l'idée que ce personnage obtus et rétrograde faisait office d'aumônier pour une population entière de malades et d'alités sans défense. « Pourquoi tant de souffrance ? lui avais-je d'abord demandé. Votre dieu ne voit-il pas tout cela ? » Mais lui ne se préoccupait que d'éclairer son propos vaseux par des passages du Livre de Job ou des Évangiles. L'une de ses répliques m'aiguillonna plus que les autres. « N'as-tu donc jamais péché ? » questionna-t-il d'un air contrit. Il s'empourpra un peu lorsque je lui signalai que je ne savais pas ce qu'il entendait par là, que j'étais fatigué et que je ne souhaitais plus poursuivre cette conversation. Le clergé moderne devrait s'affliger de compter dans ses rangs des gens à l'intelligence si restreinte. J'étais l'exemple parfait de l'impie frappant à la porte et demandant un peu de pain : cet instant aurait aisément pu être celui de ma conversion. Je restai toutefois sur ma faim et fus reconduit ce jour-là avec une déconcertante platitude dans mes repaires profanes.

Mais l'homme de foi que je rencontrai plus tard était d'une autre sorte. Celui-là ne tenta pas de se défiler lorsque, mes yeux dans les siens, je demandai : « Où était Dieu tandis que je mourais ? » Je dois à sa réponse le début de ma réconciliation avec le ciel. Car quel était ce dieu, en son ciel justement, qui avait permis que la mort m'agrippe alors que j'avais le dos tourné ? Je m'étais souvent posé cette question. Que s'était-il passé ? J'ignorais que la mort avait le pas si léger que je ne l'entendrais pas s'avancer. J'avais toujours cru qu'un signe me préviendrait de sa venue : un ciel soudainement obscurci, une brise plus fraîche tout à coup, un chien stoppant sa course et me fixant du regard. C'était au temps où je me croyais de connivence avec la terre. J'ai appris, après avoir senti dans mon dos, mais trop tard, l'enjambée silencieuse de la mort, que la terre ne se soucie pas de nous, ou si peu. Ses beautés, ses prévoyances sont pour d'autres. Je compris des paroles de ce prêtre que Dieu n'était pas responsable de tout. Je me rappelai alors seulement que j'avais constaté cela, déjà, en d'autres lieux que les églises. À quatorze ans, j'étais entré pour la première fois dans cette autre sorte de temple : un musée. On y tenait l'exposition rétrospective d'un peintre colossal, certainement le plus admirable qu'ait produit le XIXe siècle. J'avançais, comme ébloui de bonheur, dans les salles se jouxtant. Devant mes yeux, sur les murs, prenait vie sous forme de toiles l'authentique malheur d'un homme qui avait su transformer ses pleurs en un hymne de splendeur. Le neurologue et psychiatre Boris Cyrulnik a, pour décrire cela, cette formule saisissante : « Quiconque a côtoyé la mort est condamné à la poésie. » C'est comme si la mort nous donnait

La Fabrication de l'aube

accès à une réalité que nos sens peinent à percevoir mais que nous sentons néanmoins vivre en quelque part de nous-même et du monde. Mais d'où vient que l'expression artistique, la poésie, la musique, la peinture et tant d'autres disciplines apparentées, s'impose souvent à nos yeux comme le passage conduisant le mieux à cette réalité pressentie ? Peut-être la beauté est-elle la clé de ce domaine inconnu qui nous intrigue et nous fait peur tout à la fois. Déjà, il y a vingt mille ans, ceux qui couvrirent de tant de chefs-d'œuvre les parois des grottes de Lascaux et de Chauvet ont dû ressentir ces choses-là : l'art, cette floraison de la conscience, est un chemin. Aussi je voyais défiler devant moi dans ce musée les stupéfiantes étapes qui mènent, chez un artiste de génie, du désespoir à l'illumination. Non pas que l'œuvre de Vincent Van Gogh lui ait accordé le salut : nul esprit créateur, en son temps, ne s'est éteint plus misérablement. Peut-être est-ce cela d'ailleurs qui m'empoigne le plus quand je contemple la *Nuit étoilée*, que Vincent a peinte à Saint-Rémy en juin 1889 : qu'un homme si formidablement éprouvé ait pu élever à un tel degré d'émotion radieuse la tragédie de sa naissance. Mon prêtre avait raison : Dieu, s'il existait seulement, n'étendait pas son pouvoir à toutes choses. Les hommes y avaient aussi leur part de labeur, ils intervenaient dans les affaires du monde. Mieux : ils étaient capables de faire œuvre de lumière.

Le samedi ou le dimanche matin, mon frère Jacques passait me voir à la chambre. C'était le plus vieux d'entre nous, et se sentant peut-être à cause de cela une obligation de défricheur, il avait ouvert et pavé de ses mots la voie que nous avons tous empruntée par la suite. C'est que nous fûmes en effet, chacun à notre manière, de fameux parleurs. Jacques cependant était le plus volubile, ce qui, bien plus que sa position d'aîné dans nos rangs, lui avait toujours conféré à mes yeux une forme d'autorité morale. Plus jeune, j'avais conçu une admiration très vive pour son adresse à contraindre la parole, à la faire se dresser ainsi que le ferait dans la cage le grand félin devant son dompteur. Il y avait dans mon émerveillement le germe d'une construction : je trouvais dans cette aisance à manœuvrer les mots les premières pierres de la maison que je me suis bâtie plus tard avec la littérature. Si mon père et le cinéma sont à l'origine des remuements de mon imagination, je dois d'autre part beaucoup de mon incursion dans les lettres à la verve et à l'esprit de cet autre écrivain qu'est mon grand frère, dont j'ai par ailleurs pu harponner et reproduire au passage, pendant tant d'années de fréquentations étroites, l'essentiel de l'humour. Beaucoup de temps s'était écoulé pendant lequel j'avais effectué en moi-même des fouilles considérables : possédais-je, comme mon frère aîné, cette intelligence de la vie, aussi proche de la pensée rationnelle que d'une intuition impératrice ? Je n'ai jamais trouvé chez moi qu'une variante un peu pâle de cela, mais néanmoins assez ressemblante pour y reconnaître l'héritage de Jacques. C'est cet humour, c'est cet esprit, c'est cette industrie maîtresse du verbe, que mon frère m'a en quelque sorte permis de contrefaire, que j'aimerais aujourd'hui célébrer. Parce que sans tout cela, c'est-à-dire sans mon frère, j'aurais mal survécu à la traîtrise de ce ciel immaculé du 10 juillet 2004 : on ne guérit pas, on ne reprend pas à la mort ce qu'elle a voulu nous arracher, sans maintenir en soi un feu, une sorte d'ardeur contenue qui sache répondre à la rudesse de certaines circonstances. Le samedi ou le dimanche, Jacques arrivait et avec lui, pendant une heure ou deux, je fourbissais mes armes. La mort n'avait qu'à bien se tenir. Les événements m'ont donné raison : je n'ai certes pas terrassé la mort, mais du moins ai-je pu à l'occasion lui opposer un barrage de joie, de lucidité et de mots. Anne Hébert, auteure entre autres du très admirable *Tombeau des rois*, a écrit : « Et moi, je crois à la vertu de la poésie, je crois au salut qui vient de toute parole juste, vécue et exprimée. Je crois à la solitude rompue comme du pain par la poésie. » Le métier d'écrivain m'aura enseigné que les mots peuvent changer la vie, mais c'est de mon frère que je tiens non pas qu'ils effacent la solitude face à la mort, mais qu'ils la rompent comme pour un partage. Je croyais mourir, puis le visage de Jacques m'apparaissait et je pensais : « Je suis debout, comme un arbre dont les feuilles témoignent à la terre du tranquille mystère de l'existence. » Les arbres, les puits, les bâtiments, les clochers m'avaient souvent servi d'exemples quand je voulais peindre une certaine idée de la verticalité. À l'hôpital, je retrouvais en mon frère aîné l'image enfouie que je m'étais très tôt faite de lui : Jacques était cet arbre, ce puits, cet édifice où le ciel venait s'accrocher en une

La Fabrication de l'aube

composition toujours droite, saluant de la tête le monde vivant, dressé. Il n'était pas absolument nécessaire qu'il parle. Sa seule venue me rappelait à cette métaphore dont je lui avais dès le plus jeune âge fait un vêtement : à bord de ce drôle de camion que fut notre famille, c'était lui le chef, le maître-mécanicien du langage assurant la cohésion de notre clan.

J'ignore s'il se souviendra de ce qui suit : un soir d'été, il y a fort longtemps, nous marchions lui et moi dans les rues du quartier où nous habitions tous alors avec mes parents. Le vent chaud promenait sur les choses une incroyable douceur, nous incitant à accorder notre pas à son souffle traînant. Dans les arbres, les feuilles aussi bougeaient à ce rythme apaisé. C'était l'heure où le monde hésite à basculer dans la nuit, retenant encore un peu du jour cependant résigné. D'où revenions-nous ? Je ne sais plus. Mais je revois très précisément Jacques se tourner vers moi et me demander : « As-tu déjà aimé ? » Pourquoi ai-je retenu cette histoire si minuscule, vieille de plus de trente années ? Il me semble que la mémoire procède à des élections : le souvenir d'un jour éloigné l'emportera sur tel autre, moins en raison de son strict prestige que de l'impression émouvante qu'il aura laissée sur l'assortiment de nos sens. Je préserve en moi l'image de ce soir d'été parce qu'il est l'exact contraire de celui où, à la porte de l'hôpital, j'ai cru observer le ciel, convaincu d'être en train de vivre la fin de mon passage sur la terre. Le même ciel pourtant coulait sur le monde, les choses étaient bercées par la même précaution, le jour s'inclinait avec la même sereine renonciation. Mais ce soir lointain, avec à sa proue mon frère et sa question extraordinaire et primordiale, marquait mon introduction dans l'existence. L'autre, récent, vertigineux de douleur et d'adieux, en annonçait mon expulsion. C'est ce que j'aurai appris de plus inestimable de mon frère : la majesté de l'amour, commandant une sorte de début du monde.

Mais je veux dire autre chose encore à propos de Jacques. De nous tous, il était de loin le plus grand voyageur. Pas une année ne se passait sans que, deux, trois fois, un avion ne le portât en quelque partie du monde. Je le voyais, je le vois encore, sans relâche engouffré dans le ventre des appareils, enjamber les reliefs de ce monde. Ce désir inflexible d'étreindre la terre comme pour en cuber le chatoiement, la disparité et la meurtrissure n'a pas fini de m'émouvoir. Au total, mon frère aura donc été cela pour moi : l'incarnation d'une indispensable hauteur d'esprit et de cœur qui trouvait son expression la plus forte dans un lien attentif avec les gens de cette planète. Quel bagage rapporte-t-on de ces périples répétés vers les nations des hommes ? J'aimerais connaître mieux la cartographie intérieure de cet homme-là pour qui tant de pays ont été ramenés à la maison, non pas tellement sur le papier glacé d'une photographie ou d'un prospectus, ni simplement dans la mémoire, mais dans le creuset de la chair même. Peut-être existe-t-il au-dedans de mon frère un espace neuf, vierge de pas et de paysages où, à chaque voyage, un peu du monde connu va s'enclore. Peut-être mon frère est-il ainsi fait : du mélange idéal d'un morceau de notre univers et de celui, imaginaire, que son rêve veut repaître.

« Ce que je fus, je l'ai quitté », disait Aragon. Ce mot assez beau du poète ne signifie pas bien sûr que l'on puisse déserter le corps. Car le corps est une geôle, on n'en sort guère qu'à la mort. Plutôt : on s'y abolit, puisqu'on peine à imaginer une réelle sortie, ce qui suggérerait une suite. Nous sommes en ce sens des condamnés à perpétuité, mais d'une perpétuité tronquée, désespérante : même le trépas, qu'on aurait souhaité libérateur, ne change rien à notre détention. Ce sont les filiales appelées imagination, pensée, talent, émotion, instinct, pressentiment, que les entraves de la chair ont épargnées, qui seules rendent possible non pas une évasion de soi, mais un certain allongement de la laisse qui nous retient à nous-mêmes. À l'hôpital, même enchaîné dans la boîte de mon corps, même reclus en lui par les mille barbelés de la douleur, je me faufilais à certaines heures dans l'étroit tunnel de ma vie intérieure. Ce sont ces fugues, ces hémorragies de conscience, qui m'ont permis, par l'extraction restreinte de la seule partie de moi-même encore libre, de concevoir qu'il y aurait, sans doute encore, un soleil épinglé au ciel du lendemain. Un vieil homme, artiste-peintre, survivant des camps nazis, m'a raconté un jour que pour résister aux assauts répétés de ses tortionnaires, il avait créé en pensée quelque cinquante toiles durant ses trois années passées à Birkenau. Lorsque les troupes libératrices russes forcèrent finalement les portes du camp, ils y trouvèrent des milliers de prisonniers juifs, abominablement affaiblis et malades, abandonnés là par les hommes de Hitler en fuite. Parmi ces prisonniers, cet homme dont je parle, moribond, mais avec dans le cerveau une étoile scintillante : cinquante images, cinquante paysages de sa Pologne natale toujours si extraordinairement vivante en lui. J'ai vu, exposées dans sa maison, certaines de ces images, à la fin transposées par lui sur la toile. N'eût été du numéro de matricule imprimé à vie sur son avant-bras gauche, jamais je n'aurais pu croire, à la vue des œuvres couvrant les murs, que cet être humain avait vécu l'enfer des camps de la mort : peut-être pour faire contrepoids à l'horreur, des ciels virginaux et lumineux, des villes fluides, émouvantes, des montagnes hautes, se mêlant aux ciels, étaient là, comme déposés sur le tissu par des mains éperdues de chagrin et de gratitude. Toutes ces beautés s'étaient logées, pendant trois ans, dans l'esprit de cet homme cependant broyé. Mais de l'avis même du peintre, l'esprit ne fut pas le seul inventeur de ces images : quelque chose, quelque chose qui n'est plus la pensée, par instants échappé de l'enclos du corps, avait permis cette représentation du monde affranchie de sa blessure. Les psychologues ont appelé ce phénomène *sublimation*, ce qui est un autre nom pour désigner la dislocation momentanée de nos liens avec la matière tout à la fois rêveuse et sentinelle.

    Ma mère, bien plus que moi-même, comprenait ces choses-là. Son intelligence déliée, mêlée de je ne sais quoi de clément et de mélancolique, comme augurant de la brièveté des existences, lui conférait une clairvoyance d'exception. Elle savait lire non seulement en nous-mêmes, mais aussi dans l'air vibrant qui agitait le monde, dans la chanson tissée de joie simple que transportaient avec eux les oiseaux. M'inspirant d'elle, j'ai donné une faculté semblable, mais poussée à son paroxysme, au personnage du père dans *Le Jour des corneilles.* Afin de rendre à cet homme bestial et cruel au moins une partie de l'humanité que je lui refusais par ailleurs, je lui avais en effet accordé l'étrange aptitude à déchiffrer, la nuit venue, les éventuels messages adressés aux hommes par les astres scintillant au-dessus d'eux. Le père Courge pouvait ainsi lire l'avenir, que le ciel écrivait chaque soir dans le grand livre des ténèbres. Une fois, ses yeux virent là-haut que son propre fils, pourtant aussi illettré et inculte qu'un caillou, serait un jour «instruit de vocabulaire», et qu'« alors lumières lui apparaîtraient». Cet oracle s'avéra : écroué, attendant que le tribunal puisse l'entendre, le fils Courge eut enfin le loisir d'apprendre un peu plus que l'essentiel d'une langue qui ne l'avait guère servi jusque-là. Quoi qu'il advînt à présent, il se savait sauvé. Peu lui importait l'issue du procès qui se déroulerait plus tard. Il se réjouissait à l'avance de mourir sur l'échafaud, le cœur plein de ces mots qui lui avaient enfin révélé le monde, grâce auxquels il avait pu nommer la réalité de toutes choses. La mort même n'était rien à côté de ce trésor. J'ai laissé dans ce livre plus que dans tous les autres la trace de l'une de mes obsessions les plus vives : la parole salvatrice, guidant de sa lumière mes pas sur la terre. Mais si, à force de temps et d'un travail opiniâtre, j'ai fini par me faire une spécialité de la parole, maman connaissait d'instinct le langage souterrain animant les êtres et les circonstances. Bien sûr elle ne lisait rien dans les étoiles, puisque rien n'y est inscrit que la flamme courbe des soleils. Son art était ailleurs. Elle démêlait en nous, ses enfants, ce que sans le savoir nous cherchions à devenir : de jeunes gens capables de ferveur et de fierté, d'amour et de talent. Sans nous le dire, elle nous indiquait où regarder. J'étais encore tout petit, elle interrompait soudainement son labeur, me prenait à témoin et disait avec douceur : «Regarde comme il fait beau!» Surpris, je levais les yeux vers la fenêtre et je voyais le ciel penché sur le monde, les arbres se balancer mollement, dans une indifférence superbe. Elle disait aussi : « As-tu vu ce chien qui passe ? Qu'il est drôle ! » Alors je me hissais sur le banc, j'apercevais le chien dans la rue, je riais et ma mère riait aussi, mais je crois que c'est mon bonheur du moment, surtout, qui la rendait heureuse. Plus tard, j'ai bien sûr quitté la maison. Quand je venais lui faire une visite, nous nous asseyions une heure ou deux à la table de la cuisine ou sur le balcon. Ses cheveux étaient presque tous gris maintenant, mais elle guettait encore le ciel, les oiseaux, les chiens, le vent. Elle me questionnait sur ma santé, mes études, mon travail, toutes ces choses que je trouvais, moi, si peu importantes. Elle s'inquiétait mais sans jamais le laisser voir vraiment : je le devinais à son œil à peine assombri tout à coup, à l'inflexion de sa voix plus douce qu'à l'ordinaire. Elle ne me donnait pas de conseils : peut-être craignait-elle que je les suive. C'était un esprit libre. Une fois, elle devait avoir autour de cinquante ans, elle m'a confié ceci : « Je m'ennuie, toute la journée à la maison. Je crois que je vais m'inscrire au collège. » Et c'est ainsi que pendant des mois, plusieurs fois par semaine, ma mère est allée suivre ses cours. Elle devait prendre l'autobus, attendre sur le coin des rues par tous les temps puis, parfois, rester debout tout le long du trajet, son cartable d'étudiante à la main. Elle ne se plaignait pas. Chez elle, je me rappelle l'avoir secondée dans quelques travaux écrits. Je relisais ses textes, corrigeais une faute d'orthographe ici et là, sans plus. Ce n'était pas que sa pensée fût si inusitée. Mais elle paraissait toujours ourdie de ce mélange de discernement et d'amour que l'expérience de toutes ces années passées auprès de six enfants lui avait insufflé. Par-dessus tout, c'était sa compréhension sensible du monde qui caractérisait ma mère. Un jour, vers la fin de sa vie, nous avons été convoqués à l'hôpital afin que l'on nous mette au courant des détails et conséquences de la maladie qui l'affligeait tant. Je revois maman, assise auprès de nous autour de la table, écoutant comme nous les paroles désolantes des médecins et du travailleur social également présent. Puis, alors que tout avait été dit et qu'un silence triste nous serrait la gorge, maman avait prononcé cette phrase lumineuse, infiniment touchante, formée d'un matériau pur. Se tournant vers un médecin, elle avait murmuré, comme toujours avec beaucoup de douceur : « Si vous saviez, monsieur, à quel point j'aime ces enfants-là ! » Son cœur se brisait moins à l'idée qu'elle allait mourir bientôt qu'à celle d'être à jamais séparée de nous. J'avais peine à croire que nous lui inspirions de tels sentiments. « Ces enfants-là », était-ce vraiment nous, cette compagnie de poètes variés, de blagueurs patentés ? Mais elle était contente de ce que nous étions devenus, et plus le temps passait, plus elle nous le rappelait, nous le chuchotait plutôt, car on aurait cru qu'elle voulait toujours davantage se rapprocher des choses du silence. Pendant ses études, lorsqu'elle obtenait une bonne note, elle m'appelait chez moi pour me le dire et je sentais dans sa voix une fierté retenue, le sentiment très intime d'avoir vaincu. Je lui dois cette combativité silencieuse, et aussi le plaisir toujours neuf ressenti lorsque l'on s'aperçoit que l'on a construit quelque chose. C'est elle également qui, d'une certaine façon, m'a finalement poussé à vivre à la campagne. Elle venait de mourir lorsque deux avions transportant à leur bord des centaines de passagers sont allés s'écraser contre les tours jumelles du World Trade Center à New York. Cet événement d'une violence presque inouïe dans l'histoire de l'humanité m'a beaucoup fait penser, par ricochet, à maman. J'étais heureux qu'elle n'ait pas assisté, comme nous tous, à cette chose si laide. Elle aimait la beauté, celle de la nature surtout : toute sa vie, elle avait souhaité quitter la banlieue pour aller s'installer à la campagne, au moins quelques mois par année. Sa mort aura déjoué ce projet. Un soir, j'ai dit à Manon : « Qu'est-ce qu'on attend ? Voilà des années que nous voulons quitter la ville. Pendant longtemps, maman elle-même a voulu le faire, puis elle est morte. Pour nous, le temps n'est-il pas venu ?» Les années ont passé. Nous vivons désormais à l'ombre des arbres, au creux d'une maison que dominent les montagnes. Le soir surtout, lorsque les branches à la fin délivrées du vent cessent leur balancement, je songe à ma mère. Je sais qu'elle aurait aimé cet endroit. Presque chaque jour qui s'écoule m'astreint au difficile métier de vivre sans elle.

Elle aurait voulu également apprendre à conduire une auto. Les leçons de mon père, expéditives et consternantes d'antipédagogie, eurent cependant vite raison de ses ambitions. Assis en rang serré sur la banquette arrière de l'interminable Pontiac familiale, nous assistions, hilares et épouvantés, à ces brefs enseignements pilotés d'une main de fer par papa. Cela commençait invariablement de la même façon : maman devait faire reculer l'engin de l'allée pour le mener comme il se doit dans la rue. Cette action simple devenait pour nous une sorte de roman d'anticipation assez terrible. D'abord en raison de sa durée : il se passait toujours un temps infini avant que nous sentions sous nos fesses les premiers ébranlements du moteur. C'est que mon père, crispé, le son ruineux d'une caisse enregistreuse lui résonnant déjà dans le cerveau, prodiguait à son épouse avant même que la clé ne soit insérée dans le contact d'abondantes consignes. Cependant, nous lisions sur les traits et la nuque raide de papa que toutes les consignes du monde n'arriveraient jamais à lui rendre son sang-froid. Sa terreur nous parvenait, massive. Et déjà, alors que la Pontiac roulait ses premiers centimètres à reculons, le tapis ras du plancher était couvert de nos rognures d'ongles. C'est en cela surtout que nous nous sentions en plein roman : dès la fin de la première page de cette histoire qui promettait d'être rebondissante, nous ignorions, nous redoutions ce que la suivante nous réservait. Derrière les vitres, le décor commençait à bouger. Nous attendions, haletants, nos cheveux coupés en brosse hérissés sur le crâne. S'ensuivait une série de manœuvres chaotiques, évoquant pour nous la valse-hésitation d'un cheval perplexe. Notre première angoisse passée, nous pouvions ensuite nous taper les cuisses et commenter bruyamment le style de conduite de maman. Cela jaillissait de nos jeunes cervelles puis sortait de nos bouches comme une fête, une sorte de chanson à boire. D'un seul coup la banquette arrière était transformée en taverne, dont nous étions les clients assoiffés et viveurs. Je ne sais pas ce que maman, concentrée extrêmement sur le volant, pensait de ce remue-ménage : je n'ai pas de souvenirs précis d'une quelconque réaction de sa part, peut-être parce que celle de papa était tellement plus spectaculaire. Car alors, lorsque, courroucé au possible, mon père en avait assez de nos cris, de nos rires et de nos prières d'hérétiques, il nous administrait ce que mon frère Jacques a baptisé bien plus tard « la claque inversée ». Cela consistait pour lui, tout en gardant son regard fixé sur le pare-brise, le torse aussi bien assuré dans le même axe, à allonger le bras par-dessus la banquette avant et, du revers de la main, à nous expédier en rafale six mornifles dupliquées mais rendant assez inexplicablement le son d'une seule. Tout se jouait en une seconde ou deux et nous laissait moins corrigés que stupéfaits, presque admiratifs, tant l'opération avait dû exiger de lui une gymnastique et un sens du synchronisme dont nous le savions bien incapable en temps normal. Nous apprenions ainsi deux choses : il fallait, pour que papa sorte de ses gonds avec autant de savoir-faire, d'une part l'outrageuse supériorité de la Pontiac sur maman et, d'autre part, le petit carnaval dont nous accouchions sur la banquette arrière. Le pire était qu'aucun coup de semonce n'annonçait cette raclée sommaire mais impétueuse : un moment, nous

nous vautrions dans notre fricassée de clameurs, et le moment d'après, réduits au silence, le sourcil bas, nous nous frottions la joue et testions nos mâchoires.

Ce n'était certainement pas un hasard si mon frère Pierre était photographe. Je comprends pourquoi ce métier, qui consiste à recapturer sans relâche les fragments d'un monde que l'œil ne se lasse pas d'apercevoir, l'avait tant attiré. Simone Weil a dit cette chose stupéfiante de vérité : « Il est donné à très peu d'esprits de découvrir que les choses et les êtres existent, et sans doute devrions-nous nous en féliciter. La découverte d'une existence autre que la nôtre produit un saisissement dont il est malaisé de se remettre. » Peut-être mon frère ne s'est-il jamais remis du choc que provoqua sa rencontre avec l'univers, la constatation foudroyante de sa réalité. Je l'imagine, très jeune, tendant les doigts. Au bout de sa main commence un monde. Des arbres, des maisons, des gens, des paysages, des autos, des objets, effleurés par l'index, proclament à mon frère leur existence incompréhensiblement belle, et mon frère note : le monde a lieu. Mais je crois que la seule cage des doigts ne lui suffisait pas pour retenir cette beauté toujours fuyante des choses. Il lui fallait une sorte de volière capable de ceindre le grand oiseau du monde. Cette prison sans barreaux, cette chambre où reposèrent mille, cent mille images usurpées à la terre, Pierre l'a portée toute sa vie en bandoulière, comme l'astronome porte sur lui son rêve nocturne et stellaire. Quel est ce rêve ? Un ciel comme un appareil fabuleux, comme une lentille au bout de laquelle des continents se lèvent et nous font signe. Sans doute la photographie fut-elle aussi pour lui une façon de transformer un monde par ailleurs trop incertain. La nuit solitaire des chambres noires lui permit de se mêler des affaires du réel, de fixer enfin sur le papier ce que son regard avait rectifié, réparé ou simplement magnifié. On ne s'étonnera guère du rapprochement que j'effectue entre cela et le métier d'écrivain : chez nous aussi le papier sert de vase à cette fleur vivace qu'est l'insatisfaction, la déception que procure presque immanquablement la splendeur des jours. J'ai grandi en ayant sous les yeux les photos de Pierre. Pendant longtemps, j'y ai vu l'équivalent des pages d'un livre, une explication littérale du monde. Puis j'ai compris que ces images parlantes étaient les gardiennes d'une autre réalité : un jour, j'ai commencé à concevoir chacune d'elles comme une petite fenêtre, par laquelle on pouvait entrevoir ce que les objets de notre monde ne voulaient pas confesser. Peut-être la photographie fut-elle simplement cela pour mon frère : un moyen d'ôter à la nuit son fruit, un peu à la façon du sourcier qui persuade la terre de briser sa réticence. Je pense que cette manière de lire et de retenir les ombres, la lumière, les angles et cette sorte de chef-lieu qui forme le fond du réel fut l'expression maîtresse d'un cœur plus généreux que les autres. À l'hôpital, Pierre m'apportait des livres, des bandes dessinées, des disques. Mais il me donnait plus que cela. Ses visites étaient nombreuses et jamais précipitées. Une fois, il est venu alors qu'une fatigue très forte s'emparait de moi : je me souviens de m'être endormi dans les minutes ayant suivi son arrivée. Deux heures plus tard, j'ai ouvert les yeux et mon frère était encore là, assis à mon chevet. Je conserve de ce moment une impression d'infinie fraternité : les hommes qui se querellent parce que leur dieu le leur demande devraient s'asseoir une heure sur

La Fabrication de l'aube

cette chaise où mon frère s'est occupé de mon sommeil. J'avais souhaité que mon père et ma mère, du creux de leur tombe, veillent sur moi. J'ai senti que Pierre le faisait, avec des gestes et des mots de vivant. Je retrouvais dans ses paroles discrètes et ses gestes contenus ce qu'il avait mis pendant toutes ces années dans ses photos : une luminosité redirigée, instruisant de son faisceau une humanité nouvelle, rétablie.

Il était le plus mélomane d'entre nous, rallumant en cela l'incendie dont mon père avait été toute sa vie le combustible. Peut-être la nature avait-elle, à ce chapitre, accordé à mon frère davantage que ce à quoi nous avions eu droit. Un sens plus élevé de la beauté vivait manifestement en lui, qui me semblait être comme un contrecoup du cœur : cela devait cogner sur la chair, puis se répercuter sur la voûte d'une sorte d'église érigée à l'intérieur de lui-même. J'entendais en moi aussi, quoique plus faiblement, cet écho-là, mais il n'était jamais que reclus dans mon corps. Chez Pierre, on aurait dit que cette secousse souterraine voulait peindre sa joie sur le monde. Cela s'exprimait par la photographie bien sûr, mais aussi par la musique, toutes deux figurant en quelque sorte l'allongement d'un sentiment qui voulait dépasser les murs de son propre cachot. Il m'apparaissait que sa générosité était parente de cela. Quelque chose de sifflotant et de délicatement lumineux colorait ses élans vers les autres. À l'hôpital, nous passions tous les deux de longs moments à commenter en riant les dessins des albums de bandes dessinées qu'il me laissait. Je voyais dans son œil cette lumière intérieure qu'il avait si souvent transposée sur le papier photographique et qu'il m'offrait à présent. C'était comme s'il jetait un pont entre moi-même et une existence que je sentais chaque jour un peu plus pâle et lointaine, désintéressée de moi. Au fil des mois d'hospitalisation, j'ai développé un besoin parfois pressant de ce réconfort particulier que me prodiguait mon frère. Seul dans ma chambre, je pensais : « J'aimerais que Pierre arrive. » Le hasard a souvent fait qu'il arrivait effectivement. J'ai toujours été reconnaissant envers cette forme de coïncidence qui se déguise en fatalité comme pour laisser croire, pendant un temps, à la brièveté des pleurs.

Dans la forêt derrière chez moi, des bêtes vont et viennent. On ne voit le plus souvent que la trace de leur passage : l'empreinte d'une patte, une fougère piétinée, un fruit entamé puis abandonné sur le sentier. Il y avait aussi chez mon frère un peu de ce phénomène de présence invisible. Quelque chose de lui demeurait à mes côtés même après son départ. Une empreinte avait été laissée là, que je restais longtemps à étudier. J'écoutais le disque qu'il m'avait offert, je lisais quelques pages du livre qu'il avait posé sur ma table en partant. Mais je tournais les pages sans que les mots s'impriment en moi et je ne me concentrais guère sur la musique. Un sentiment me venait plutôt qui me détachait de ces choses et que j'ai mis un certain temps avant de reconnaître. Deux ou trois heures passaient, puis je commençais déjà à espérer le retour prochain de mon frère. Je comprenais alors que le sentiment que j'éprouvais était de l'amour et je m'apercevais que, pendant les moments que nous venions de passer ensemble, j'avais été heureux. Dans la forêt, les lièvres restés dans leur tanière ressentaient-ils la même chose ? Peut-être Pierre et moi étions-nous des frères lièvres, peut-être étais-je moi-même dans quelque terrier à attendre qu'il me rapporte la plante guérisseuse qui me permettrait bientôt de remettre mes pas sur les sentiers.

Je ranimais en moi ces images heureuses. Lorsque j'errais dans quelque corridor de l'hôpital avec de telles pensées en tête, des inconnus, me croisant, me souriaient. J'ai d'abord été intrigué par tous ces sourires. Je cherchais mon reflet dans les vitres, sur les poignées luisantes des portes : qu'y avait-il donc sur ma face qui pût inspirer cela ? Puis j'ai compris qu'on se réjouissait de ma propre joie, lisible sur mes traits. Mon visage, après des mois de fermeture, s'ouvrait enfin. C'était un peu comme si ce visage avait été un acteur frappé d'amnésie au beau milieu du spectacle, mais qu'il était resté néanmoins sur la scène. Puis, après un temps interminable, quelqu'un lui avait soufflé depuis la coulisse les mots de la réplique. J'étais ce souffleur, endormi jusque-là, mais que l'intensité d'un rai de lumière dans les yeux venait de sortir de sa léthargie.

Un matin du mois de novembre, tandis que mes bourreaux intérieurs semblaient vouloir observer une trêve, j'ouvris le tiroir de ma table de chevet, en tirai un stylo et un bloc de papier puis je commençai à écrire. Je n'avais pas fait ce geste depuis presque cinq mois, ce qui, ma foi, ne m'était jamais arrivé en plus de vingt ans. Pourquoi mes doigts, mon esprit et mon cœur ne pouvaient-ils, ne peuvent-ils pas se passer de cet exercice simple ? C'est trop peu dire qu'il s'agit d'un réflexe de santé : je connais beaucoup d'écrivains, mais aucun n'est aussi littérairement paralysé que moi par la tristesse, l'inquiétude, la maladie, la nervosité. Dans l'adversité, certains seront éperonnés, et se jetteront corps et âme dans un travail d'écriture halluciné, l'épreuve stimulant de toute évidence chez eux quelque muscle dont je ne fus manifestement pas pourvu à la naissance. Cela donne parfois de fort bons livres. Pour moi, cela ne donne rien, puisque l'idée même d'écrire, en pareilles circonstances, m'indiffère. Je ne souhaite jamais davantage qu'en ces moments difficiles exercer les belles fonctions d'ébéniste, de vitrier ou de briqueteur. Mais sitôt que s'éteignent les feux de ma peine, je réintègre l'habit de romancier dans lequel je me suis glissé en sortant du ventre de ma mère. Nul objet ne me paraît alors plus réjouissant que celui tiré du limon, des atomes que sont les mots retrouvés. Il me semble que cette organisation lente, pensive, orchestrée par la main, le cerveau, l'instinct, la sensibilité et tout outillage semblable fourni avec un corps constitue en soi une raison de se réjouir. Dans les semaines qui ont suivi ma sortie d'hôpital, les mots ne me sont revenus que fort graduellement. Je cherchais comment traduire les événements récents, mais rien ne me venait : c'était comme si on avait retiré sa truelle au briqueteur. Mes amis me demandaient : « Que s'est-il passé ? » Je répondais : « Je n'en sais encore rien. » Et c'était la stricte vérité. Comme pour le fils Courge, la réalité de mon expérience pourtant décisive demeurait floue, parce que peu de mots avaient à ce jour émergé d'elle, aucun son n'était encore sorti de l'impact de ces deux objets : la vie courante et la muraille marquant le début du malheur. Il fallait, pour en entendre la petite musique, attendre que la joie revienne. C'est ce qu'elle fit, et si progressivement que je ne m'en apercevais pas toujours. C'est que ce ne fut pas un retour soudain. Je crois que la joie est un saumon. Un jour elle quitte son ruisseau familier et s'en va se multiplier au loin. Puis, une fois cette nécessité accomplie, elle remonte avec acharnement mais par degrés le courant jusqu'à sa source. Un matin du mois de novembre, j'accueillis en moi ce beau poisson. Je garderai toujours comme un talisman le petit texte désaligné qui en résulta, emblème du premier mouvement d'espoir à naître de ma chair depuis une éternité :

>nous verrons les villes coiffées d'avions
et d'inventions envolées
puis de trajectoires que nous déciderons
car toute pierre
aura rendu ses songes
nos cœurs eux-mêmes seront
les oiseaux dont avait rêvé la branche
enchevêtrée au nid
nos cœurs seront les arbres
se préparant dans l'écorce

Ces quelques mots, écrits à l'époque avec encore un certain aveuglement, et donc avec les renforts considérables du subconscient, ne m'ont révélé leur vérité que récemment. Il m'est en effet apparu l'autre jour seulement à quel point ils reflétaient, par leur insistance à décrire le caractère prochain du cœur, le rôle sans cesse renouvelé qu'a joué l'amour dans mon rétablissement. Nous voici donc tournés non seulement vers un avenir bienveillant, plein d'alliances et d'éclosions, mais également vers des temps amoureux, plus intérieurs sans doute, plus fragiles et plus hauts aussi. Je m'avisais en outre de l'origine toute matérielle de cet amour, comme issu de la terre, ainsi que le suggèrent au milieu du texte ces pierres essorées de leurs propriétés secrètes. Il y a dans cela une alchimie qui évoque la ferveur, le feu du sentiment amoureux : Manon, mon unique Manon, n'insufflait-elle pas la légèreté de l'or à ce cœur que j'avais porté parfois comme une pierre lourde ? C'est une chose curieuse de sentir en soi-même l'amour résister aux coups que lui inflige le corps, tandis même que ce corps relâche peu à peu son emprise sur les choses, s'affaire au projet de sa mort. Peut-être y a-t-il dans ce phénomène un peu de l'immortalité que les religions mettent en vitrine depuis si longtemps. Peut-être même cela est-il à l'origine de l'invention de Dieu. Quoi qu'il en soit, aux heures les plus critiques, quand je m'apercevais que mes forces vitales m'abandonnaient, un système en moi déroulait un matelas de plumes. Je sentais alors qu'une partie de mon être s'y allongeait, cependant qu'un vigile gardait la porte. J'étais avec Manon, non pas seulement en pensée, mais rattaché à elle comme une amarre à son bateau. Bien sûr mon imagination tenait le premier rôle dans ce théâtre de la sublimation. Mais il y avait dans une telle représentation du bonheur quelque chose de si palpable que je n'hésite pas à lui attribuer autant de vérité qu'à l'organisme dont elle était la descendante. Peut-être un jour la science, à force de reculer les limites des mystères, nous donnera-t-elle accès au grand poème du monde. Un jour, peut-être, toute pierre aura rendu ses songes. Ce n'est pas que je souhaite réduire l'amour à un amas de particules. Je suis convaincu au contraire que l'indifférence couchée en chaque caillou déguise un principe plus considérable que ce que nos cerveaux sont aujourd'hui capables de débroussailler. Il m'apparaît que la substance qui a fait le monde contient, au-delà de son inertie première, le secret de la réussite des fleurs. Ma femme n'était pas une fleur, ni même le parfum d'une fleur, mais elle témoignait, par sa seule présence dans ma vie, de cette réussite-là. Je ne crois pas qu'aucune autre qu'elle arriverait à forcer la porte de cette solitude voulue dont je me suis fait un mode de vie. Plus jeune, j'étais calfeutré dans une boîte étanche d'où me parvenait, quand j'en entrouvrais le rabat, la rumeur de mes congénères humains. J'étais intrigué par ce bourdonnement affairé. Je ne comprenais pas cet univers où le travail, l'argent, la rivalité et les lois de la propriété privée étaient auréolés de tant de prestige. J'examinais mes mains, mes pieds, ma tête. Je palpais mes bras, mon ventre, mes mollets. Je me demandais : « Quelle pièce manque-t-il donc à ce corps ? » J'étais né amputé de toute ambition, de toute attirance pour l'assaut que l'on semblait exiger de moi. Un verre d'eau fraîche me suffisait. Je songeais : « Mais pourquoi tous ces gens ne profitent-ils pas tout simplement du temps qui passe ? » Cependant, j'aimais mes semblables. Mais, à part pour ce qui concerne ma famille, je n'ai jamais senti en présence d'autrui qu'une lacération de ma fibre solidaire : les gens même les plus aimables ne trouvaient pas en moi l'agrafe nécessaire à leur rétention dans ma vie de tous les jours. Encore aujourd'hui, mes amis me reprochent de ne pas les appeler plus souvent, de ne leur rendre visite qu'à l'occasion. Je ne pourrais pourtant vivre sans eux. Simplement, la machine dont je perçois dans mon sang le grand souffle ne veut pas de cette chaîne : ses rouages se meuvent au service d'autres tâches. Aussi j'ai été seul et, forcément, content de cette solitude apparemment inscrite dans le registre de mon code génétique. Puis, à l'été de mes vingt-huit ans, voici que la croûte terrestre se fissure, que tombent les murs des villes et que les troupes armées capitulent : ma femme entre dans ma vie.

Ce fut un événement comparable, mais à l'échelle humaine, aux événements ayant entouré l'extinction des grands dinosaures ; un objet céleste est tombé sur ma vie, provoquant en elle un changement climatique radical et accélérant la disparition de ces créatures jusque-là maîtresses de mes territoires : désinvolture, inconsistance, rêverie chronique. Dès lors, une ère nouvelle commençait, où un être aimé s'attachait à mes pas pour de bon. Car j'ai senti très tôt un ciment se former entre nous. Quel était ce lien qui nous ancrait l'un à l'autre de si bonne heure ? Je cherche depuis seize ans les mots pour bien expliquer cela. J'admirais chez cette femme jeune sa façon de cacher sa peine sous une chape de dévouement. Une douleur délicate et ancienne composait en effet le fond de son être, mais alors que cela aurait pu s'abâtardir en une plante venimeuse, un buisson d'humanité en était sorti. Je m'émerveille encore chaque jour de ce mouvement naturel fait entièrement de générosité et d'empathie. Des années de cohabitation à mes côtés n'ont en rien amoindri cette manière d'être : elle vient vers moi encore aujourd'hui avec le même souci de prévenance qu'aux premières heures. Cela est associé chez elle à un esprit étonnamment pratique : les robinets qui fuient, comme les cœurs démolis, s'ils sont soumis à ses soins, ne souffrent jamais longtemps de leurs défaillances. Son talent est d'avoir mis au point une sorte de tamis intérieur, par lequel sont filtrées les difficultés. Peu d'entre elles restent alors insolubles. Mais le plus beau est peut-être qu'elle a su préserver une douceur de vivre que les circonstances d'une vie émotive troublée auraient pu lui ravir. C'est là une part importante de son art : ne pas faire sauter les verrous, seulement fabriquer des clés. Mais je retiens surtout ceci : ma femme m'aura permis, en me laissant jeter un œil dans sa lorgnette, d'apercevoir les choses de façon plus intelligible. Depuis toujours, ce monde m'était incompréhensible. Voilà qu'en unissant mon regard à celui, congru, qui m'était offert en partage, je découvrais un sens à tout cela, je reconnaissais la nature mixte des choses. J'ai appris en liant nos deux visions que notre univers était réel, c'est-à-dire qu'il était non seulement gracieux, mais aussi ouvragé des larmes des malheureux, de la détresse des malades, de l'affliction des misérables. Pendant longtemps mon rêve avait été aveugle : ce n'était pas moi qui le menais, mais l'autorité aléatoire des houles. Voilà qu'une clarté de phare le frappait et qu'un port lui était accordé : pour la première fois, je posais le pied sur la terre ferme. Avec le temps, cette solidité sous mon pas a ensemencé toute ma pensée de fabricant d'images, d'où la correspondance continuelle et le plus souvent involontaire, dans mon raisonnement, entre le songe et la réalité. Cette hybridation est née de notre côtoiement. À vingt-huit ans, j'ai commencé à voir les choses avec plus de lumière, parce que j'ai connu une femme subtile, pénétrante et amoureuse.

Une timidité considérable la tenaillait. Elle était née comme ça : un engrenage devait s'être enrayé au moment de l'enfantement, qui l'empêcherait d'avancer sur la terre aussi hardiment que voulu. Durant ses premières années, et même jusque tard dans l'adolescence, presque tout commerce avec autrui lui avait été difficile. À force de labeur, cela s'était passablement arrangé par la suite, mais il demeure encore aujourd'hui qu'un regard humain posé sur elle la trouble, et que toute relation avec autrui lui paraît une violation de domicile. J'ai tout de suite aimé cette personnalité modelée par la confidentialité, le repli. J'y trouvais la tranquillité dont le sort m'avait souvent privé. Néanmoins, elle n'était pas effacée. Sa présence ne passait jamais inaperçue, peut-être parce qu'une connexion secrète la reliait au reste du monde. Elle allait ainsi sur les chemins : au loin on voyait son corps s'éloigner lentement, cependant que ses pas avaient laissé dans la poussière une trace, un bol, où les bêtes et les gens venaient boire. J'y venais aussi, puis je la rejoignais dans sa solitude peuplée d'objets utiles. Je ne me lassais pas de sa façon d'habiter la réalité. Elle y était comme dans un fiacre : elle semblait se bercer du bruit uniforme des sabots, des commandements régulateurs du cocher. Parfois, une pensée troublait la ligne claire de son visage : le chien, resté à la maison, s'ennuyait-il ? Pleuvra-t-il ce soir encore ? Il y avait au milieu de tout cela un tourment que j'ai mis longtemps à démêler. Puis j'ai compris que l'enfance y était pour quelque chose. Guérit-on jamais du séisme des premiers moments, de cette époque où l'âme à peine informée de sa tâche à venir doit déjà encaisser les exigences du monde comme autant de coups au cœur ?

Tous les animaux trouvaient grâce à ses yeux. Le contraire était aussi vrai. Les chiens, en particulier, adoraient ma femme. Notre très effaré Félix, quoique d'une race obscure, nourrissait à son égard l'amour le plus limpide. Mais ce n'était rien comparé à la déification en règle à laquelle s'est livrée après lui Clara, cette brave bête sans idée. Jamais cœur de chien ne fut davantage saisi de sentiments extrêmes. Je n'irais pas jusqu'à dire que Manon connaissait le langage des bêtes, mais je crois qu'elle reconnaissait dans leur mélancolie fondamentale quelque chose se rapprochant de sa propre condition. Cette émotion toutefois n'était jamais extraordinaire. C'était en elle comme un bruit de fond, la mer qui venait mourir au bord d'un pays et dont le murmure se propageait à l'infini sur son existence. Malgré cela, elle souriait presque toujours. Et même si je comprenais ce que la morsure de la peine imprimait en elle, j'aimais cette politesse du caractère qui veut épargner aux autres le spectacle de son tumulte. Mais elle était mauvaise actrice, et n'arrivait pas bien à me dissimuler ces choses. J'étudiais ses gestes, son pas, son visage où, parfois, le jour refusait de s'attarder. Des orages anciens y promenaient leur ombre. Dans l'œil une fusée passait, rêveuse : et si la Terre était une étoile ? Mais bientôt des pensées plus pragmatiques lui revenaient. Elle ne traînait pas longtemps dans son rêve, car elle croyait que son rêve l'empêchait d'infléchir la réalité. Un jour, quelqu'un lui a dit : « Mais le rêve est ce qu'il y a de plus réel en toi. C'est lui qui te pousse en avant, qui t'invite à vivre encore. » Elle comprenait cela. Cependant elle avait consacré tant d'années à repousser cette part d'elle-même que, à présent, elle ne savait plus très bien comment la réhabiliter. À la place, une sorte d'inspiration pratique et magnifique avait pris le pas, peut-être à la façon des arbres qui, au milieu de la forêt, compensent le manque de lumière en élevant leurs branches plus haut, afin de capter par-dessus les cimes un peu du jour qui leur est tant nécessaire. Aussi ses mains s'occupaient-elles à des travaux féconds : à quarante ans, elle avait appris à fabriquer des meubles, comme pour tenter de soumettre son monde à une sorte de plan, lui imposer un gouvernement dont l'imagination et la géométrie seraient les chefs incontestés. Des armoires, des bibliothèques, des penderies, des tables naissaient de ses paumes. Dans l'atelier le temps était suspendu. Nous allions, Clara, notre chat Ernest et moi, observer discrètement tout cela. Mais Manon, capturée, ne remarquait pas notre présence derrière la porte vitrée. À la fin elle levait les yeux et nous apercevait tous les trois qui l'observions comiquement depuis un moment. Alors une joie plus forte se posait sur elle et n'illuminait pas que son visage mais son corps tout entier. C'est ce qu'il y avait de plus beau en elle : ce réservoir toujours ouvert où puiser du bonheur.

À la longue, les infirmières commençaient à me questionner sur cette jeune femme souriante qui venait tous les jours me rendre visite. Je disais : «J'ai appris d'elle les choses les plus importantes : la bonté toujours nécessaire, l'amour comme un herbier vivant.» Certaines la connaissaient déjà bien : pendant plusieurs semaines, elle avait appelé chaque nuit au poste de garde pour s'informer de mon état. Quand je ne dormais pas, j'entendais l'infirmière lui faire le récit de mes dégringolades et remontées. Je l'imaginais, chez nous, son visage dans le cercle pâle d'une lampe restée allumée. J'imaginais notre maison, vaisseau enserré par la nuit, et dont le veilleur solitaire tente par sa prière impie de libérer les flancs. Dehors, tout attend : la montagne est assise sur une chaise, le ciel commande aux étoiles une halte. Des renards veillent en silence, un sceptre planté à la porte des tanières.

Oui, sans elle, je serais mort dès les premiers jours. J'ai imaginé une fois ou deux que, couché sous la terre, j'évoquais son souvenir. Le soir, ma nuit lente se joignant à celle du monde, je lui écrivais des choses que le tremblement des fleurs lui traduisait. Lorsqu'elle venait me visiter au petit cimetière, une pluie légère tombait. «Toute chose est née de la pluie», lui chuchotais-je alors, puis elle repartait lentement, un poème dans la tête. À la maison, la chienne l'avait attendue, puis lui faisait une fête un peu triste, surprise toujours de ne plus voir revenir l'homme qui, autrefois, lui parlait à voix basse de la brièveté des choses et de la clarté des étoiles. Mais tout cela n'était que songes. Je me souviendrai longtemps de mon retour, bien réel, à la maison. Au bout de six mois, je m'attendais de la part de ma chienne Clara à une démonstration de joie sans précédent. Mais l'animal qui m'a accueilli à ma descente de voiture, bien que ressemblant en tous points à ma chienne, n'était pas du tout ma chienne. Où était la Clara noceuse que j'avais connue ? Elle me tournait autour, me regardait, timorée et confuse, comme pour dire : « Mais où étais-tu donc, bougre d'humain ? Tous les jours, je t'ai attendu. J'ai imploré à chaque heure le dieu des chiens pour que tu pousses à la fin la porte de cette maison. Et c'est maintenant seulement que tu reviens ? Où étais-tu, petit humain oublieux ? » Mais, bien sûr, je n'avais pas oublié. C'est que je rentrais d'une longue nuit, de celles qui logent au cœur des pierres avant qu'une main amoureuse n'en casse l'horizon.

Sans doute l'enfance aussi m'a-t-elle sauvé : la veille de l'hospitalisation, j'étais si jeune encore, si entièrement occupé à vivre ce que l'enfance m'avait alloué. Il me semble quelquefois que si mon corps a été altéré par la maladie, mon âme en revanche en est sortie indemne, intouchée. Mais peut-être le corps des enfants ne retient-il que faiblement leur âme, celle-ci se réfugiant, pour un temps, en un lieu à l'abri des orages. Peut-être même les enfants n'ont-ils pas d'âme du tout et qu'il leur suffit d'avoir à leur portée des bras aimants pour apaiser leurs pleurs. L'âme serait ainsi une fabrication de l'âge adulte, une invention permettant de délester le corps de ce qu'il ne peut plus porter : la souffrance, le poids du monde blessé. Mon âme serait donc une création récente, que les atteintes du corps n'ont pas pu ébranler. Comprends-tu cela, toi qui as vu, sûrement, au cours de ces journées que je raconte, mourir ma première jeunesse ? Cette nuit j'ai entendu par la fenêtre restée entrouverte le chant du huart qui niche sur la rive du lac. Allongé à tes côtés sous les draps, j'ai écouté longtemps ses appels répétés et un peu tristes. Puis la chienne est venue poser son museau chaud sur ma main. Qui sait ce qu'elle traduisait de cette nuit déchirée par le chant d'un oiseau ? Tu dors. Mais aussi loin que tu sois dans ton sommeil, je te devine écoutant toi aussi cette sorte de prière que lance le monde à la faveur de la nuit et que, leur regard un instant levé, les bêtes de la forêt saisissent au passage. Plus tard, j'irai marcher dans les rues désertes et silencieuses entourant le village. Rassure-toi : l'aube me ramènera chez nous, comme toujours. Simplement, je ne me lasse pas de ce ciel que déroule le monde chaque nuit. Et les astres mêlés à cette encre, tu le sais, n'aiment pas mon sommeil : quelque chose d'eux, toujours, m'appelle à la fenêtre, puis dessine sous mes pas une route. Tu peux dormir, rassure-toi, je reviens toujours. Ce n'est encore qu'une de ces fièvres qui me poussent à manger des yeux la terre et le ciel. Tu le sais bien : j'aime la nuit, elle apaise en moi quelque chose dont je connaîtrai un jour le nom, quelque chose que j'arrive presque à nommer quand certaines aubes viennent, quand j'ai fini de lancer à voix basse mes paroles sur la nuit vaste et peu fréquentée.

Un jour, j'aurai soixante-dix, quatre-vingts ans. Un homme encore jeune, mais d'une jeunesse nouvelle, irriguée par une âme inventée au milieu de son existence, vivra en moi, toujours curieux de cette mort qu'il a presque connue autrefois, et dont le nom étrange s'est à jamais imprimé dans sa chair. De lui et de moi, peut-être cet homme aura-t-il été le plus attentif. Peut-être, ce soir même encore, n'attend-il que le moment de retrouver la grande nuit muette qu'il ne fit qu'entrevoir déjà, mais qui lui révéla en un moment fulgurant la beauté somptueuse des choses, le geste si étonnant de mystère que nous faisons tous en acceptant de vivre. En attendant, j'irai tout à l'heure marcher dans les rues. Quelques heures passeront. Puis je rentrerai à la maison, je m'allongerai de nouveau à tes côtés. Des rêves viendront, que les bêtes de la forêt toute proche verront peut-être s'animer sur le ciel pâlissant. Et moi, je songerai, comme on songe aux événements, aux choses, aux gens qui nous ont fait meilleur que ce que les jours, les nuits, la nature même avaient prévu au départ, je songerai : je t'aime. Mais qui ne t'aimerait pas ? Je ne croyais pas possible autant d'humanité dans un même cœur. À l'hôpital, le tien battait pour deux. J'étais occupé à mourir, puis j'entendais ton pas dans le corridor. J'ajournais mon trépas. Tu m'apportais ce qui me manquait tant : une cassure dans l'intenable dispositif de la douleur. Mais tu savais sans que je le dise que la blessure la plus sanglante n'était pas celle du corps. Si j'avais soulevé mes pansements, c'est mon âme que l'on aurait vue, pâle et meurtrie, gisant dans le calice du ventre. Parfois, la nuit, j'entendais le bruit d'un arbre qui tombe. Je tendais l'oreille, je levais la tête, fouillais l'obscurité déployée à la fenêtre. Rien n'avait bougé, à part les étoiles clignotantes. Le monde était intact. Car cet arbre était ailleurs, c'était mon cœur, c'était mon esprit, c'était ma vie qui se déracinaient, n'en pouvant plus de se tenir debout. Alors je me souvenais des heures que nous venions de passer ensemble. Je m'asseyais dans le lit, et en moi quelque chose se redressait aussi. Ce n'était pas du courage, non plus qu'une volonté soudaine. C'était l'amour, cette plante impérieuse et multiplicatrice, qui traçait dans le sol occulte de ma chair une direction nouvelle, verticale. Oui, tu venais avec ta bonté panser mes plaies, toutes mes plaies, et quand tu repartais j'étais prêt à vivre un jour de plus. Je t'ai souvent raconté cela : lorsque j'ai finalement émergé du coma, le jeune médecin qui était à mon chevet m'a dit à l'oreille : « Bonjour, monsieur Beauchemin. Bienvenue parmi nous. » C'est avec ces mots-là que, pour la seconde fois, je suis venu au monde. Mais c'est avec les tiens que je reculais chaque soir un peu plus les frontières du pays de ruines et de poussières d'où je revenais.

Une fois, tu es arrivée au moment où tout se déglinguait dans mon corps. Quelque chose avait lâché, je vomissais la vie entière : des maisons, des bêtes, des fleuves, des rues, des pierres, des meubles, des camions sortaient en trombe de ma bouche. Puis tu t'es approchée, tu m'as tenu la main doucement, ça s'est calmé. J'aimerais percer ce mystère : qu'y a-t-il dans ta main qui me sauve chaque fois que je la tiens ? On a dit plus tard que mon rétablissement avait été dû aux médicaments et aux soins du personnel infirmier. C'est le point de vue de ceux qui ne virent de moi que la pelure. Au-dedans brûlait une lanterne. Tu l'allumais et, toujours, cela devenait le contrepoison de la souffrance. Mais tu as souffert encore plus que moi. Bien sûr, on m'a découpé les entrailles. Mais on t'a fracassé le cœur. Tu sortais de l'ascenseur, tu t'approchais, mais ce n'était plus ton seul pas que j'entendais résonner. Des milliers d'autres se joignaient au tien, réels, incarnés en d'invisibles personnages d'un chapitre intitulé, selon les jours : chagrin, colère, crainte, révolte. Puis tu entrais dans la chambre, déguisant ta peine en nuée d'oiseaux. Cela se posait sur mes épaules, j'étais bien. Du temps passait, que nous ne retenions pas : il fallait bien, tôt ou tard, que tu retournes à la maison, la chienne t'attendait, soucieuse et flairant presque ton trouble. Ernest, le chat, ne te laisserait quant à lui rien deviner de son humeur. Mais il guetterait ton retour, faussement endormi dans les fougères. Un soir de grande fatigue, tu as trouvé à ton arrivée ce mot laissé sur la porte par le voisin : « Tu n'étais pas là. La chienne avait faim. Je l'ai nourrie. » Cela, cette toute petite chose, cet infime signal t'avait suffi pour reprendre espoir et t'endormir dans l'idée qu'à défaut d'un dieu des gens veillaient sur toi, sur nous, et que la fureur du monde se taisait parfois.

En 2003, Normand de Bellefeuille, cet autre poète et ami, a écrit dans un petit livre dont on a trop peu parlé (mais c'est toujours ainsi, n'est-ce pas ? La poésie ne compte pour rien dans le cours des jours) : « Tu es venue quand au parterre sonne le muguet, venue avec le corps qu'il fallait, le silence qu'il fallait dans tout ce bruit du monde». Je ne crois pas avoir rien lu d'aussi beau depuis que j'ai découvert, il y a plus de trente ans, que les livres et la vie pompent leur sève à la même source commune. J'ai été jaloux de mon ami, parce que chacun des mots qui composent cette phrase aurait dû être prononcé par moi, pour toi. Mais ma jalousie s'est vite évanouie : j'avais trouvé dans ces mots le psaume que j'attendais. Un jour très lointain, quand nous serons tous deux sous la terre et que nous percevrons, par-dessus les fleurs, le calme balancement des branches sur le ciel, je voudrais que tu te souviennes de cela : je n'aurai vaincu la mort que par le chant de ton visage penché sur le mien.

Je ne peux relire ce livre qu'à mi-voix. C'est que tout, dans ses pages, fut murmuré : le chagrin, la joie, la pensée, le souvenir. J'ai cru accomplir ici mon travail d'écrivain, j'aurai surtout fait mon métier d'homme, rassemblant dans une courte valise ce que le temps, comme un vent colporteur, venait déposer à mes pieds. Ce livre est un bruissement, une aile qui frémit, habillant pauvrement le moineau qui voulait s'en faire un abri. J'ai compris cela il y a quelques jours à peine : l'histoire peut-être trop vraie que je viens de raconter n'est pas le lieu sûr que j'avais planifié de bâtir. Là où j'attendais un refuge, j'ai trouvé à peine un appentis. Je n'y peux plus rien, à présent : dans ce grenier que j'ai ouvert sont engrangées côte à côte des choses belles, des choses laides. Il me faudra vivre avec chacune. Le 10 juillet 2004, je suis mort. Puis, le 15, par une forme de miracle que la science, le hasard et l'amour ont voulu, je suis revenu parmi les vivants. Avec cet épisode s'établissait une borne, une époque s'achevait indéniablement : je parvenais au terme de la première portion de mon existence. Mais déjà le sol s'effritait derrière mes pas, et j'étais condamné à marcher à la rencontre de mon avenir. C'est ce moment que j'ai choisi pour écrire un mot ou deux sur le passé, récent et lointain, non pas dans une vaine tentative de réanimation, mais peut-être simplement pour en mieux calibrer le prix, c'est-à-dire pour en mesurer la gravité, la douleur, la frivolité et la part de bonheur. Mais surtout, ces paroles fixées sur le papier sont un promontoire. Par elles je me hisse pour mieux embrasser le pays qui veut s'épanouir devant moi. Ma « mort » aura été utile en ceci : je m'y serai lavé les yeux.

Peut-être aussi comprendra-t-on mieux maintenant pourquoi la mort est partout dans les romans que j'écris. Dans mes moments les plus déraisonnables, il m'arrive de croire qu'il y a dans toutes ces pages que j'ai noircies au fil des années quelque chose de prémonitoire, que la mort était tapie en moi, attendant son tour et me dictant en quelque sorte les récits que j'ai racontés. J'ai fait vivre cela, déjà, au personnage principal d'un de mes romans les plus personnels, comme on dit. Ce *Turkana Boy,* achevé d'écrire au moment où mon père mourait, suggérait en effet que le corps non seulement n'oubliait rien, mais renvoyait aussi l'écho de notre propre fin comme inscrite dans la chair même. Comme si chaque corps était la page d'un livre plus grand que soi, dans lequel était écrit la vaste histoire du monde. J'avais à cette époque et depuis longtemps le désir d'écrire un roman sur le souvenir. Puis, un jour, j'ai lu quelque part cette histoire extraordinaire et bien réelle de la découverte, sur les rives du lac Turkana, au Kenya, d'un fossile humain vieux de presque deux millions d'années. J'ai été étrangement happé par ce récit. Je songeais avec insistance à cet être ayant vécu à une époque si inconcevablement reculée. Mais il me semblait que l'éloignement dans le temps ne me séparait pas autant de lui qu'on l'aurait cru. Quelque chose nous liait, lui et moi. Quoi au juste ? J'ai longtemps cherché cela. Puis j'ai compris que nous étions tout simplement attachés par le fait de notre nature humaine.

La Fabrication de l'aube

Même si des milliers de générations nous séparaient, même si des différences morphologiques considérables et tant d'autres choses encore nous distinguaient l'un de l'autre, nous possédions ceci en commun : nous avions aimé des êtres. Des événements, le cours du temps nous avaient faits tels que nous étions. Par ailleurs, l'idée du fossile comme métaphore de l'enfouissement du temps passé me séduisait. J'ai alors écrit les premières pages de *Turkana Boy* : une histoire où le souvenir, quoique enfoui au plus profond de soi, ne cesse de s'attacher au présent presque tout entier. Puis, tandis que je poursuivais mon travail sur le manuscrit, une autre idée m'est apparue, celle-là venant manifestement des territoires autrement obscurs de l'inconscient, de l'instinct et du rêve, ajoutant du coup une autre dimension au récit : l'idée, toute romanesque, que la mort, autrement dit la destinée, l'avenir de tout être vivant, pouvait être consignée au cœur même de l'individu, dans son ventre. Je ne savais pas encore, à l'époque où je composais ce roman, que c'était ma propre vie que je racontais déjà sous forme d'allégorie et que je préparais en fait le livre que je suis en ce moment même en train de conclure.

Quoi qu'il en soit, l'idée que l'avenir soit écrit de quelque manière, d'une destinée pré-établie, est bien sûr une pure absurdité. Mais alors, que penser et, surtout, comment se comporter lorsque le corps, la matière même, s'animent d'une vie étrangère à l'entendement ? Je suis vivant. Il me semble que, de tous ceux que j'ai prononcés à ce jour, ces trois mots sont les plus difficiles à croire. Quelque chose veut de moi sur la terre, quelque chose que je n'arrive pas à nommer. Il me semblait pourtant que tout avait un nom, et je croyais que l'indicibilité n'était au fond rien d'autre qu'un manque de vocabulaire. En somme, j'ai cru que le monde n'existait que par les mots, que par la réalité que ceux-ci lui donnaient.

Peut-être devrai-je consentir à rejeter cette idée et adopter, devant l'inexplicable, l'attitude d'un hypothétique dieu : observer le plus strict silence, une suprême discrétion.

Je me réjouis de ceci : au moins mon récit s'accorde-t-il à l'étoile discrète qui paraît s'émouvoir, désormais, dans le ciel de certains soirs. Je veux dire simplement que, pour la première fois, il me semble constater une trêve dans la très violente indifférence des choses. Oui, quelque chose veut de moi en ce monde, et ce pourrait bien être la vie elle-même, dont j'aurai senti croître le grand arbre jusque dans mon corps perclus et presque renonçant. Ce n'est pas que le ciel soudainement se penche sur moi et qu'il attribue tant d'importance à mon histoire. Des milliers de gens vivront ce que j'ai vécu, sans doute mieux que je ne l'ai fait, et découvriront eux aussi par leur expérience que le cœur, que l'esprit, que le corps même, après cela, se détournent un peu plus de l'innocence qui les avait émus et formés jusqu'à ce jour. Ainsi sans doute ces gens éprouveront-ils comme je l'ai fait une profondeur nouvelle, révélatrice de leur corps plus vaste, moins fermé sur lui-même et plus relié qu'ils ne le croyaient aux choses vivantes. C'est en cela seulement qu'on peut lire dans le ciel et ses étoiles le récit des existences humaines : quelque chose là-haut nous ressemble, que nous reconnaissons par cette sorte de collier que composent entre eux les astres, sublimant ainsi les limites du feu qui les anime.

De ma fenêtre, je vois le jour qui baisse peu à peu sur la campagne. Il me faudra tout à l'heure caresser le dos de la chienne, lui ôter un peu du poids de la nuit qui vient. Plus tard, quand les étoiles auront commencé leur ouvrage au-dessus de notre maison, j'irai m'asseoir et les contempler une nouvelle fois. Je sais que ce ciel si proche et si lointain ne me dévoilera pas ses secrets, que les mondes qu'il contient préserveront ce soir encore l'essentiel de leur mystère. Il y a en moi-même une nuit semblable, comme avare de sa lumière.

Mais peut-être cette nuit-là finira-t-elle par se rompre, à force d'amour et de joie, qui sont les matériaux de l'aube que je fabrique et que je ne cesse de parfaire.

Sainte-Anne-des-Lacs (Québec)
printemps 2005
Pout tout commentaire sur ce récit :
jfbeauchemin@aol.com

La mort a le pas si léger
qu'on ne l'entend pas s'avancer.

Quiconque a côtoyé la mort
est condamné à la poésie.